AF283020

COMPETENCIA DIGITAL PARA DOCENTES

Miguel Ángel Torres Pardo

© Miguel Ángel Torres Pardo

© Derechos de edición:
Nau Llibres
Periodista Badía 10. 46010 Valencia. Tel.: 96 360 33 36
E-mail: nau@naullibres.com - web: www.naullibres.com

Diseño de portada e interiores: Ilustración de cubierta:
    Artes Digitales Nau Llibres   @IuriiMotov

Imágenes e ilustraciones:
    Pág. 15 @Yayasya   Pág. 81 @macrovector
    Pág. 23 @macrovector   Pág. 93 @vectorsmarket
    Pág. 41 @macrovector   Pág. 103 @emojoez
    Pág. 57 @emojoez   Pág. 117 @macrovector
    Pág. 69 @kchungtw   Pág. 127 @kchungtw

Imprime:
Podiprint. Impreso en España. Printed in Spain.

ISBN13: 978-84-19755-66-7

Depósito Legal: V- 1100 - 2025

"Mutatis mutandis"
Cambiando lo que debe ser cambiado

Índice

herramienta clave para guiar este proceso,
asegurando que los esfuerzos de aprendizaje
estén alineados con las metas profesionales y
las necesidades del entorno laboral. 132

Presentación

La educación, al igual que el mundo que la rodea, está en constante transformación. Como docentes, tenemos el privilegio y la responsabilidad de ser agentes de cambio, adaptándonos a los desafíos del presente y preparándonos para los del futuro. Este libro surge de la convicción de que las competen cias digitales no son solo herramientas técnicas, sino habilidades esenciales que pueden empoderar a los profesores, enriquecer las experiencias de aprendizaje de los estudiantes y abrir puertas a nuevas formas de enseñar y aprender.

Mi experiencia como educador ha estado marcada por el descubrimiento constante de cómo la tecnología puede convertirse en un puente entre el conocimiento y las personas. Al principio, como muchos, enfrenté la resistencia y las dudas que surgen ante el cambio: ¿Es realmente necesario integrar tantas herramientas digitales? ¿Cómo puedo hacerlo sin perder la esencia de la enseñanza? Pero con cada paso, descubrí que la tecnología, cuando se utiliza con propósito, no sustituye al docente; lo amplifica. Permite llegar más lejos, conectar con más estudiantes y adaptar el aprendizaje a sus necesidades individuales. Este libro no pretende ser un manual técnico ni una guía rígida. Es, más bien, una invitación a reflexionar sobre el papel de las competencias digitales en nuestra práctica docente, a experimentar con nuevas herramientas y metodologías, y a crecer juntos como comunidad educativa. Cada capítulo ha sido diseñado pensando en las preguntas y desafíos reales que enfrentamos los educadores, desde cómo gestionar una clase virtual hasta cómo fomentar la ciudadanía digital en nuestros estudiantes.

A lo largo de estas páginas, encontrarás no solo conceptos y marcos teóricos, sino también ejemplos prácticos, estrategias concretas y recursos que puedes adaptar a tu realidad. Además, he incluido anexos con plantillas, herramientas y referencias que espero sean útiles para ti en tu día a día.

Este libro también es un testimonio de que nunca dejamos de aprender. Al escribirlo, no solo he compartido lo que he aprendido en mi recorrido profesional, sino que también he descubierto nuevas formas de mejorar como docente y como persona. Mi esperanza es que tú, al leerlo, encuentres inspiración para seguir explorando, innovando y enseñando con pasión.

Porque, al final, lo que hacemos como docentes va más allá de impartir conocimientos. Moldeamos futuros, transformamos vidas y sembramos en nuestros estudiantes las semillas de un aprendizaje que les acompañará siempre.

Gracias por unirte a este viaje hacia la integración de competencias digitales en la educación. Estoy seguro de que, juntos, podemos construir una educación más inclusiva, innovadora y preparada para los retos del siglo XXI.

Capítulo 1.

Introducción a las competencias digitales en educación

▌1.1.▐ ¿Qué son las competencias digitales?

Las competencias digitales son un conjunto de habilidades, conocimientos y actitudes que permiten a las personas utilizar las tecnologías de la información y la comunicación (TIC) de manera eficiente, crítica y segura en diferentes ámbitos de la vida. Estas competencias no solo se refieren a la capacidad técnica de manejar herramientas tecnológicas, sino también a la habilidad de comprender, evaluar y generar contenido digital de forma ética y responsable.

En un mundo interconectado, donde la tecnología evoluciona rápidamente, las competencias digitales son fundamentales para garantizar la participación activa en la sociedad. Esto incluye desde actividades cotidianas, como la gestión de la banca Online o el uso de redes sociales, hasta entornos profesionales que exigen el dominio de herramientas específicas. Estas competencias son esenciales para asegurar que las personas puedan adaptarse a los cambios y aprovechar al máximo las oportunidades que ofrece la era digital.

En el contexto educativo, las competencias digitales son esenciales para que los docentes puedan integrar la tecnología en sus prácticas pedagógicas. Estas habilidades les permiten no solo utilizar las herramientas disponibles, sino también evaluar críticamente su pertinencia y eficacia, adaptándolas a las necesidades específicas de sus estudiantes. Además, el desarrollo de competencias digitales fomenta una alfabetización digital integral, que va más allá de la simple manipulación de dispositivos. Incluye también la capacidad de discernir entre información válida y falsa, respetar los derechos de autor y actuar ética y responsablemente en el entorno digital.

Dimensiones de las competencias digitales
1. Técnicas: Relacionadas con el manejo de Hardware y software.
2. Críticas: Incluyen la capacidad de analizar información y tomar decisiones fundamentadas.
3. Creativas: Orientadas a la producción y adaptación de contenidos digitales.

La interacción de estas dimensiones define el grado de competencia digital de una persona y su capacidad para desempeñarse eficazmente en un entorno tecnológico cambiante.

1.2. Marco europeo de competencias digitales: DigCompEdu

El Marco Europeo de Competencias Digitales para Educadores (DigCompEdu) es una guía desarrollada por la Comisión Europea para estandarizar y promover el desarrollo de habilidades digitales en el profesorado. Este marco se centra en cómo los educadores pueden usar las tecnologías digitales de manera profesional, pedagógica y como facilitadores del aprendizaje de los estudiantes.

Áreas principales del DigCompEdu
1. **Compromiso profesional:**
   Implica el uso de herramientas digitales para mejorar la comunicación, la colaboración con colegas y el desarrollo profesional continuo. Esto incluye la participación en comunidades virtuales de aprendizaje y la utilización de recursos digitales para mejorar las prácticas docentes.

- Ejemplo: Participación en foros especializados como Edmodo o Google Classroom para intercambiar experiencias y recursos educativos.

2. **Recursos digitales:**
   Se refiere a la capacidad de identificar, evaluar, crear y compartir recursos digitales. Los docentes deben ser capaces de seleccionar herramientas y contenidos adecuados a sus objetivos pedagógicos, asegurándose de que sean accesibles e inclusivos.
   - Ejemplo: Uso de plataformas como Canva para diseñar materiales didácticos atractivos y personalizados.

3. **Enseñanza y aprendizaje:**
   Esta área aborda cómo las tecnologías pueden integrarse en el diseño, implementación y evaluación de actividades de aprendizaje. Los docentes deben saber adaptar sus estrategias para aprovechar las TIC como herramientas para el aprendizaje activo.
   - Ejemplo: Aplicar metodologías activas como el aprendizaje basado en proyectos mediante plataformas colaborativas.

4. **Evaluación digital:**
   Consiste en utilizar herramientas digitales para evaluar el progreso de los estudiantes y proporcionarles retroalimentación. Esto incluye la capacidad de analizar datos de aprendizaje para identificar áreas de mejora.
   - Ejemplo: Uso de Google Forms o Kahoot para realizar evaluaciones formativas en tiempo real.

5. **Empoderamiento de los estudiantes:**
   Busca fomentar la participación activa de los estudiantes y promover su aprendizaje autónomo median-

te el uso de tecnologías digitales. Esto también incluye atender a la diversidad y personalizar el aprendizaje.

- Ejemplo: Introducción de plataformas adaptativas como Khan Academy para trabajar a diferentes ritmos.

6. **Facilitación de la competencia digital de los estudiantes:**

   Los docentes tienen la responsabilidad de ayudar a los estudiantes a desarrollar sus propias competencias digitales, incluyendo habilidades técnicas, pensamiento crítico y ciberseguridad.

   - Ejemplo: Enseñar estrategias para la gestión de contraseñas seguras y el uso responsable de las redes sociales.

Impacto del DigCompEdu en la práctica docente

El marco DigCompEdu proporciona una estructura clara para que los docentes reflexionen sobre su nivel de competencia digital y planifiquen su desarrollo profesional. Al seguir las directrices del marco, los educadores pueden avanzar hacia una integración más efectiva de la tecnología, beneficiando tanto a sus estudiantes como a ellos mismos.

1.3. La importancia de las competencias digitales en el profesorado

El profesorado ocupa un papel central en la transformación de la educación mediante el uso de tecnologías digitales. La adquisición de competencias digitales es crucial para responder a los desafíos de un mundo en constante cambio. Esta importancia se manifiesta en varios aspectos clave:

- **Innovación en el aula**
  Las competencias digitales permiten a los docentes diseñar experiencias de aprendizaje más innovadoras y personalizadas. Por ejemplo, el uso de plataformas de aprendizaje en línea, simulaciones interactivas y recursos multimedia puede enriquecer el contenido curricular y captar la atención de los estudiantes. Además, la tecnología facilita el aprendizaje activo, donde los estudiantes participan de manera más directa en su proceso educativo.

- **Preparación para el futuro laboral**
  En un entorno laboral dominado por la tecnología, los estudiantes necesitan desarrollar habilidades digitales desde edades tempranas. Los docentes juegan un papel crucial en este proceso al integrar las TIC en el aula y fomentar competencias que serán esenciales para sus carreras futuras. Estas habilidades no solo incluyen la capacidad técnica, sino también competencias como la resolución de problemas, la colaboración en línea y la gestión de proyectos digitales.

- **Fomento de la inclusión y la equidad**
  Las herramientas digitales pueden ayudar a superar barreras de acceso a la educación, especialmente para estudiantes con necesidades especiales o aquellos en regiones desfavorecidas. Un profesorado con competencias digitales puede garantizar que todos los estudiantes tengan igualdad de oportunidades para aprender y prosperar.

- **Desarrollo del pensamiento crítico**
  En un mundo saturado de información, es esencial que los estudiantes desarrollen habilidades de pen-

samiento crítico para evaluar la validez y relevancia de las fuentes. Los docentes, como guías digitales, desempeñan un papel fundamental en la enseñanza de estas habilidades. Esto incluye la identificación de noticias falsas, el análisis de datos y la comprensión de algoritmos que afectan la información que consumimos.

- **Resiliencia ante situaciones de crisis**
  La pandemia de COVID-19 evidenció la necesidad de competencias digitales en el profesorado. La transición rápida hacia el aprendizaje en línea resaltó la importancia de estar preparados para adaptarse a entornos virtuales, garantizando la continuidad educativa. Este ejemplo subraya la necesidad de una formación continua y proactiva en competencias digitales.

1.4. Objetivos del libro

Este libro tiene como objetivo principal servir como una guía práctica y accesible para que los docentes desarrollen sus competencias digitales, contribuyendo así a una educación más inclusiva, innovadora y efectiva. Los objetivos específicos son los siguientes:

- **Fomentar la comprensión de las competencias digitales**
  El libro busca ofrecer una definición clara y comprensible de las competencias digitales, destacando su relevancia en el ámbito educativo y su impacto en la sociedad en general. Esto incluye explorar las dimensiones técnicas, críticas y creativas de las competencias digitales.

- **Proporcionar un marco de referencia**
Se explora el marco DigCompEdu en profundidad, detallando sus áreas y niveles de competencia. Esto permite a los docentes evaluar su situación actual y planificar su desarrollo profesional de manera estructurada. Además, el marco se presenta como una herramienta dinámica, adaptable a los cambios constantes en el entorno digital.

- **Presentar buenas prácticas y casos de éxito**
El libro incluye ejemplos concretos de cómo las tecnologías digitales pueden integrarse en el aula. Estas experiencias inspiradoras muestran cómo los docentes pueden superar desafíos y maximizar el potencial de las TIC. Por ejemplo, se analizan casos de implementación de aprendizaje híbrido y uso de tecnologías emergentes como la realidad aumentada.

- **Ofrecer herramientas y recursos prácticos**
Se proporcionan listas de plataformas, aplicaciones y metodologías que los docentes pueden utilizar para mejorar su práctica pedagógica. También se incluyen consejos para seleccionar y adaptar recursos digitales a diferentes contextos educativos. Además, se abordan estrategias para la curación de contenido digital y el diseño de experiencias de aprendizaje atractivas.

- **Promover una actitud de aprendizaje continuo**
Dado que el mundo digital está en constante evolución, el libro enfatiza la importancia de mantenerse actualizado y abierto a nuevas tecnologías y enfoques pedagógicos. Esto incluye la participación en formación profesional y comunidades de aprendizaje. Se destacan recursos como MOOCs (Cursos Online Masivos y Abiertos) y redes profesionales como LinkedIn para fomentar el desarrollo profesional.

Capítulo 2.

Fundamentos tecnológicos para el profesorado

En el mundo actual, los avances tecnológicos han transformado profundamente la forma en que se imparten y reciben los conocimientos. Para el profesorado, comprender y dominar los fundamentos tecnológicos es esencial para optimizar el proceso educativo y garantizar una experiencia enriquecedora tanto para los estudiantes como para los docentes. Este capítulo se enfoca en proporcionar una guía exhaustiva que abarca los elementos esenciales de Hardware, software, plataformas educativas, herramientas de ofimática y ciberseguridad.

2.1. **Hardware y software básicos para el aula**

El aula moderna está equipada con tecnología que facilita el aprendizaje y la gestión de las clases. Entre los elementos de Hardware más comunes se encuentran los ordenadores, proyectores, pizarras digitales interactivas y dispositivos móviles como tabletas o smartphones. Estos dispositivos permiten al docente presentar información de manera visual y dinámica, fomentar la participación activa de los estudiantes y acceder a recursos en línea. Además, las tecnologías portátiles como los micrófonos, altavoces y cámaras también contribuyen a enriquecer el entorno educativo.

Entre los avances recientes destacan los dispositivos IoT (Internet of Things) que permiten una mayor automatización en las aulas. Por ejemplo, sensores de temperatura o iluminación conectados a sistemas inteligentes aseguran un ambiente cómodo para el aprendizaje. Asimismo, las impresoras 3D están ganando popularidad, ya que permiten a los estudiantes y profesores explorar conceptos de diseño y fabricación.

Por otro lado, el software desempeña un papel igualmente crucial. Los sistemas operativos como Windows, macOS o distribuciones de Linux proporcionan la base para ejecutar programas educativos. Además, existen aplicaciones específicas diseñadas para la enseñanza, como programas de diseño gráfico (GIMP, Photoshop), software de cómputo matemático (GeoGebra, MATLAB) y herramientas de programación educativa como Scratch. La elección del Hardware y software adecuado debe alinearse con las necesidades del currículo y el nivel tecnológico de los estudiantes.

Es también importante que los docentes estén familiarizados con las configuraciones básicas de los dispositivos, como conectar proyectores, configurar impresoras o resolver problemas técnicos comunes. Estas habilidades permiten resolver imprevistos de forma rápida y garantizar la continuidad de las actividades educativas.

2.2. Plataformas educativas

Las plataformas educativas han revolucionado la forma en que los profesores gestionan sus clases, permiten la colaboración y comparten recursos. Estas herramientas digitales son fundamentales para promover una gestión eficiente del aprendizaje, especialmente en contextos de educación híbrida o a distancia. Tres de las herramientas más destacadas son Google Classroom, Moodle y Microsoft Teams.

2.2.1. Google Classroom

Es una plataforma sencilla y eficaz que facilita la creación y distribución de tareas, así como la comunicación con los estudiantes. Su integración con otras aplicaciones de Google, como Drive, Docs y Meet, la convierte en una solución versátil y popular. Para el docente, esta herramienta no solo ahorra tiempo, sino que también simplifica la gestión de clases, especialmente en entornos educativos donde la tecnología desempeña un papel central.

Los profesores pueden subir materiales, calificar tareas y dar retroalimentación en tiempo real. Este enfoque permite a los estudiantes recibir comentarios inmediatos, fomentando un aprendizaje más efectivo y personalizado. Además, los docentes pueden programar actividades y cuestionarios automatizados, lo que resulta útil para evaluar el conocimiento en tiempo real o recopilar datos sobre el progreso de la clase.

Una de las características más valiosas para los docentes es la organización de clases virtuales. Google Classroom permite centralizar todos los materiales del curso en un solo lugar, lo que minimiza la confusión para los estudiantes y facilita la planificación. Los recordatorios automáticos y las notificaciones personalizables son herramientas cruciales para mantener informados tanto a estudiantes como a padres, asegurando una comunicación constante y efectiva.

Por otra parte, el acceso a una amplia gama de integraciones con herramientas externas, como YouTube, Jamboard y Google Forms, amplía las posibilidades pedagógicas. Por ejemplo, los docentes pueden utilizar formularios para recopilar retroalimentación o evaluar competencias específicas, mientras que Jamboard ofrece un espacio colaborativo para lluvias de ideas o diagramas interactivos.

Finalmente, Google Classroom también facilita la colaboración entre profesores, permitiendo compartir cursos, materiales y estrategias didácticas. Esta función es especialmente útil en proyectos interdisciplinarios o en la coordinación entre equipos docentes, promoviendo una cultura de colaboración y aprendizaje continuo.

2.2.2. Moodle

Por su parte, es una plataforma de código abierto que ofrece una amplia gama de funcionalidades personalizables, lo que la convierte en una herramienta especialmente adecuada para proyectos educativos diversos y complejos. Su principal fortaleza radica en la creación de cursos estructurados, adaptables a las necesidades específicas de cada docente y grupo de estudiantes. Estos cursos pueden organizarse en módulos secuenciales o temáticos, lo que facilita el seguimiento del progreso del aprendizaje y la implementación de estrategias pedagógicas como el aprendizaje basado en proyectos o la evaluación formativa.

Los módulos de aprendizaje en Moodle incluyen una amplia variedad de actividades interactivas, como cuestionarios automáticos, foros de discusión, wikis colaborativos y bases de datos personalizables. Estas herramientas fomentan no solo la participación activa de los estudiantes, sino también su capacidad de reflexión crítica y colaboración en un entorno digital. Además, Moodle permite el uso de actividades gamificadas, como badges y rankings, que motivan a los estudiantes a completar tareas y alcanzar sus objetivos educativos.

Aunque su configuración inicial puede ser más laboriosa que otras plataformas, esta inversión de tiempo se ve compensada por la flexibilidad y personalización que ofrece. Por ejemplo, los docentes pueden integrar materiales multimedia, configurar sistemas de evaluación con retroalimentación automática y monitorizar el rendimiento individual de los estudiantes mediante informes detallados.

Otra ventaja destacable de Moodle es su capacidad para integrarse con herramientas externas, como plataformas de videoconferencia (Zoom, Microsoft Teams) y aplicaciones móviles. Esto permite que los estudiantes accedan a los contenidos desde cualquier dispositivo, fomentando la accesibilidad y la inclusión digital. Además, la compatibilidad con Learning Tools Interoperability (LTI) facilita la integración de aplicaciones de terceros, como simuladores, laboratorios virtuales o plataformas de aprendizaje adaptativo.

En el ámbito de la docencia, Moodle también permite a los profesores compartir buenas prácticas mediante repositorios colaborativos, participar en comunidades educativas globales y explorar recursos pedagógicos creados por otros docentes. En conclusión, Moodle es una plataforma robusta y versátil que, cuando se utiliza eficazmente, potencia las capacidades del profesorado y enriquece la experiencia de aprendizaje de los estudiantes.

2.2.3. Microsoft Teams

Combina gestión educativa con potentes herramientas de comunicación y colaboración, convirtiéndose en una de las plataformas más completas para el trabajo docente. Permite realizar videoconferencias de alta calidad, organizar reuniones regulares y compartir archivos en un espacio seguro y centralizado. Gracias a su integración con el paquete Office 365, los docentes tienen acceso directo a herramientas como Word, Excel, PowerPoint y OneDrive, lo que simplifica la planificación y ejecución de las actividades educativas.

Uno de los aspectos más destacados de Microsoft Teams es la posibilidad de crear canales temáticos. Estos canales pueden ser diseñados para asignaturas específicas, proyectos colaborativos o actividades extracurriculares, proporcionando un entorno virtual donde los estudiantes pueden intercambiar ideas, subir materiales y trabajar juntos de manera eficiente. Por ejemplo, en un curso de ciencias, el docente podría crear un canal para experimentos donde los estudiantes compartan resultados, hagan preguntas y reciban retroalimentación en tiempo real.

Otra funcionalidad clave es la herramienta de "Asignaciones", que permite a los profesores distribuir tareas, establecer plazos, realizar evaluaciones detalladas y dar retroalimentación personalizada a cada estudiante. Esta función también incluye la posibilidad de adjuntar archivos de apoyo, como vídeos explicativos o recursos adicionales, lo que enriquece la experiencia de aprendizaje. Además, el sistema de evaluación puede configurarse para calificar de forma automática ciertas tareas, lo que ahorra tiempo a los docentes y les permite enfocarse en aspectos más cualitativos del aprendizaje.

La compatibilidad con aplicaciones adicionales, como OneNote, Forms y Whiteboard, amplía las posibilidades de personalización y mejora la experiencia educativa. OneNote, por ejemplo, es una herramienta ideal para crear cuadernos digitales donde los estudiantes pueden tomar notas, resolver ejercicios y colaborar con sus compañeros. Por otro lado, Forms permite diseñar encuestas y cuestionarios interactivos que pueden usarse tanto para evaluaciones como para recopilar opiniones o medir el nivel de comprensión de un tema.

Desde el punto de vista docente, Microsoft Teams también facilita la gestión integral del aula virtual al ofrecer funcionalidades avanzadas como la grabación de clases, la creación de horarios compartidos y el uso de analíticas para monitorear el progreso y la participación de los estudiantes. Esto último es especialmente útil para identificar áreas de mejora y personalizar las intervenciones pedagógicas según las necesidades individuales de cada alumno.

En conclusión, Microsoft Teams no solo es una plataforma de comunicación, sino también una herramienta integral que respalda a los docentes en la planificación, ejecución y evaluación de su práctica educativa. Su versatilidad y amplia gama de funciones la convierten en una elección ideal para instituciones que buscan modernizar su enfoque pedagógico y fomentar un aprendizaje más colaborativo e inclusivo.

La elección de estas plataformas dependerá de las necesidades específicas del docente y de la institución educativa. Lo esencial es que los profesores se capaciten para sacar el máximo provecho de estas herramientas y fomentar un entorno de aprendizaje interactivo y eficiente.

2.3. Herramientas esenciales de ofimática

El dominio de las herramientas de ofimática es fundamental para cualquier profesor, ya que estas aplicaciones facilitan la creación de contenidos, la gestión de datos y la presentación de información. Las herramientas de ofimática no solo son esenciales para la planificación docente, sino también para fomentar la participación activa de los estudiantes.

2.3.1. Microsoft Word

Es la herramienta más utilizada para la redacción de documentos y desempeña un rol central en el trabajo docente. Su funcionalidad avanzada permite crear textos estructurados, insertar imágenes, tablas y diagramas que mejoran la presentación del material educativo. Además, herramientas como los estilos predefinidos, encabezados y tablas de contenido automáticas son fundamentales para producir documentos largos como guías de estudio o planificaciones curriculares de manera eficiente.

En el ámbito pedagógico, Word facilita la personalización del material para adaptarlo a diferentes niveles de aprendizaje. Por ejemplo, los docentes pueden utilizar comentarios y la herramienta de control de cambios para proporcionar retroalimentación detallada en trabajos de los estudiantes, fomentando un aprendizaje constructivo. La posibilidad de insertar notas al pie y referencias también ayuda a enseñar a los estudiantes buenas prácticas de citación y redacción académica.

Otra funcionalidad destacada es la creación de plantillas personalizadas para exámenes, listas de verificación y fichas de actividades. Estas plantillas no solo ahorran tiempo, sino que también aseguran la consistencia en el diseño de documentos. Además, las capacidades de colaboración en tiempo real, disponibles a través de OneDrive, permiten a los equipos docentes trabajar conjuntamente en la elaboración de programas de estudio y otros recursos.

El soporte para insertar gráficos, diagramas SmartArt y objetos 3D convierte a Word en una herramienta ideal para crear materiales didácticos visualmente atractivos que capturen la atención de los estudiantes. Asimismo, la posibilidad de exportar documentos en diferentes formatos, como PDF, facilita la distribución de contenido en plataformas digitales o su impresión para su uso en el aula.

En conclusión, Microsoft Word no solo es una herramienta de redacción, sino también un aliado clave en la planificación y ejecución de la enseñanza. Su versatilidad y conjunto de funcionalidades permiten a los docentes optimizar su trabajo, generar materiales de alta calidad y brindar un soporte personalizado a sus estudiantes.

2.3.2. Microsoft Excel

Es una herramienta poderosa para la gestión y el análisis de datos que se adapta perfectamente a las necesidades docentes. Una de sus aplicaciones más comunes en el ámbito educativo es el registro de calificaciones, donde los docentes pueden crear hojas de cálculo personalizadas que permiten organizar y calcular promedios automáticamente, así como visualizar tendencias en el desempeño de los estudiantes. Excel también resulta útil para analizar resultados de evaluaciones. Por ejemplo, mediante el uso de tablas dinámicas, se pueden segmentar datos por grupo, materia o período, lo que facilita identificar áreas de mejora o patrones de aprendizaje.

Otra función destacada es la capacidad de planificar horarios y gestionar recursos del aula, como la disponibilidad de laboratorios o materiales compartidos. Los docentes pueden crear calendarios interactivos que se actualizan en tiempo real, simplificando la coordinación de actividades con otros miembros del equipo docente. Además, las herramientas de gráficos de Excel permiten representar datos de forma visual, lo que facilita la comunicación de resultados en reuniones de padres o presentaciones pedagógicas.

Para los docentes más avanzados, Excel ofrece la posibilidad de automatizar tareas repetitivas mediante el uso de macros. Por ejemplo, se pueden crear procesos automatizados para generar reportes de calificaciones al final de cada trimestre o para enviar recordatorios sobre fechas límite a los estudiantes. Estas funciones no solo ahorran tiempo, sino que también mejoran la precisión y consistencia en la gestión de datos.

Desde el punto de vista pedagógico, Excel también puede integrarse en el aula como una herramienta para enseñar habilidades de análisis de datos. Los estudiantes pueden aprender a utilizar funciones básicas para resolver problemas matemáticos o crear gráficos que representen datos estadísticos. Esto no solo enriquece su aprendizaje, sino que también los prepara para un mundo laboral donde estas habilidades son cada vez más valoradas.

En resumen, Microsoft Excel no solo es una herramienta para la gestión administrativa, sino también un recurso pedagógico versátil que permite a los docentes optimizar su tiempo y mejorar tanto la gestión como la enseñanza en el aula.

2.3.3. Microsoft PowerPoint

Es ideal para crear presentaciones que acompañen las clases y enriquezcan el proceso de enseñanza. Desde el punto de vista del docente, esta herramienta no solo facilita la organización de los contenidos, sino que también contribuye a captar y mantener la atención de los estudiantes. Su amplia gama de opciones de diseño y animación permite crear presentaciones visualmente atractivas, con transiciones suaves y efectos que resaltan puntos clave del tema.

Un aspecto esencial es la posibilidad de integrar vídeos, enlaces a recursos externos y diagramas interactivos que fomenten la participación activa. Por ejemplo, los docentes pueden incluir cuestionarios interactivos o encuestas en tiempo real que involucren a los estudiantes directamente durante la clase. Además, PowerPoint permite la inserción de gráficos y tablas que ayudan a simplificar información compleja y presentarla de manera comprensible.

Otra ventaja significativa es la capacidad de crear diapositivas personalizadas para diferentes niveles de aprendizaje. Los docentes pueden adaptar el contenido según las necesidades de su audiencia, como incluir ejemplos más visuales para estudiantes de primaria o enfoques técnicos para niveles superiores. Además, la herramienta de notas del presentador ayuda a los profesores a estructurar su discurso, garantizando que no omitan puntos importantes durante la explicación.

En el ámbito de la colaboración, PowerPoint permite trabajar en equipo mediante el uso de almacenamiento en la nube, como OneDrive. Los docentes pueden cocrear presentaciones con otros colegas, compartir ideas y recibir retroalimentación antes de utilizarlas en clase. Esto es particularmente útil en proyectos interdisciplinarios o en talleres de desarrollo profesional.

Por último, la posibilidad de exportar presentaciones en formatos como PDF o vídeos amplía las opciones para compartir el contenido con los estudiantes. Por ejemplo, los profesores pueden grabar sus explicaciones y convertirlas en lecciones asincrónicas, permitiendo a los alumnos acceder a ellas en cualquier momento y lugar.

En conclusión, Microsoft PowerPoint es una herramienta indispensable para los docentes, ya que combina facilidad de uso, versatilidad y capacidades avanzadas que transforman las lecciones en experiencias de aprendizaje efectivas y memorables.

2.3.4. Google Workspace

Por último, **Google Docs** y otras herramientas de Google Workspace son alternativas colaborativas que permiten a los profesores y estudiantes trabajar en documentos en tiempo real. Desde el punto de vista docente, Google Docs es una herramienta transformadora que fomenta la colaboración, tanto entre estudiantes como entre profesores. Su facilidad de uso permite que los participantes puedan editar el documento simultáneamente, lo que lo hace ideal para proyectos grupales, planes de clase compartidos o evaluaciones formativas.

Una de las funcionalidades más destacadas para los docentes es la posibilidad de realizar comentarios directamente en el texto, lo que facilita la retroalimentación inmediata y mejora la claridad en la comunicación. Además, las sugerencias de edición permiten a los profesores guiar a los estudiantes en la corrección de sus errores sin modificar directamente el contenido, fomentando su aprendizaje autónomo.

La función de historial de cambios es especialmente útil en entornos educativos, ya que permite rastrear las contribuciones individuales de cada miembro del equipo, ayudando al docente a evaluar la participación de cada estudiante en proyectos colaborativos. Además, esta funcionalidad es clave para la transparencia y la detección de plagio o ediciones no autorizadas.

Google Docs también se integra de manera eficaz con otras herramientas como Google Forms, Google Sheets y

Google Drive, lo que amplía sus aplicaciones en el aula. Por ejemplo, los docentes pueden enlazar encuestas o formularios dentro de un documento compartido para recopilar opiniones, o adjuntar hojas de cálculo que consoliden información relevante para un proyecto.

Otra ventaja importante es su accesibilidad desde cualquier dispositivo conectado a internet. Esto permite a los docentes y estudiantes trabajar de manera flexible desde casa o en el aula, fomentando una metodología de aprendizaje continuo. Además, las opciones de configuración para compartir documentos aseguran que los profesores puedan mantener un control adecuado sobre el acceso y los permisos.

En definitiva, Google Docs no solo es una herramienta práctica para la gestión de documentos, sino también un recurso pedagógico esencial que transforma la manera en que se enseña y se aprende, promoviendo la colaboración y la inclusión digital.

Dominar estas herramientas permite al profesorado optimizar su trabajo administrativo y centrarse en el diseño de experiencias de aprendizaje significativas.

2.4. **Ciberseguridad básica: protección de datos y contraseñas seguras**

La ciberseguridad es un aspecto fundamental en la tecnología educativa, ya que los profesores manejan información confidencial sobre los estudiantes y las actividades escolares. Desde el punto de vista docente, es crucial no solo conocer las mejores prácticas de protección de datos, sino también educar a los estudiantes sobre su importancia.

- **Protección de datos personales:**
Los profesores deben asegurarse de cumplir con las normativas vigentes, como el Reglamento General de Protección de Datos (RGPD) en Europa. Esto implica limitar el acceso a información sensible, evitar el uso de dispositivos no seguros y almacenar los datos en plataformas confiables. Además, es importante no compartir información personal de los estudiantes en foros públicos o redes sociales. Talleres específicos sobre protección de datos pueden ser útiles para sensibilizar a los docentes sobre las prácticas adecuadas. También es esencial realizar una revisión periódica de los permisos y accesos a los sistemas utilizados en el aula. Por ejemplo, si se emplean plataformas educativas, los docentes deben configurar las opciones de privacidad para que la información de los estudiantes solo sea accesible para quienes realmente lo necesiten. La educación de los estudiantes también forma parte de este esfuerzo. Los docentes pueden organizar talleres sobre protección de datos y privacidad digital, mostrando cómo manejar su información en línea de manera segura. Este tipo de iniciativas no solo protege a los estudiantes, sino que también fomenta su alfabetización digital.

- **Creación y gestión de contraseñas:** Las contraseñas seguras son la primera línea de defensa contra accesos no autorizados. Una buena contraseña debe tener al menos 12 caracteres, combinar letras, números y símbolos, y evitar información personal o palabras comunes. Los docentes también deben cambiar sus contraseñas periódicamente y no reutilizarlas en múltiples cuentas. Herramientas como los gestores de contraseñas pueden facilitar esta tarea. En el contexto escolar, los docentes deben educar a los estudiantes sobre la importancia de estas prácticas, integrando ejercicios prácticos para que aprendan a generar contraseñas robustas. Además, los profesores también deben utilizar gestores de contraseñas para manejar de manera segura las credenciales asociadas a diversas plataformas.

• **Prevención de ataques cibernéticos**: Los docentes deben ser capaces de identificar y prevenir intentos de phishing, malware y otros ataques cibernéticos. La capacitación específica en estas áreas puede ayudar a los docentes a reconocer correos electrónicos sospechosos, analizar enlaces antes de hacer clic y comprender cómo las amenazas pueden propagarse a través de dispositivos compartidos. Organizar simulacros de seguridad o lecciones sobre "casos reales" de ciberataques también puede preparar tanto a los docentes como a los estudiantes para actuar correctamente.

• **Uso seguro de redes**: El uso de redes Wi-Fi seguras es esencial para proteger la privacidad y los datos escolares. Los docentes deben asegurarse de utilizar conexiones cifradas mediante VPN al trabajar desde redes públicas. Dentro de las instituciones educativas, los profesores pueden colaborar con los equipos de TI para garantizar que las redes internas estén protegidas mediante firewalls y configuraciones avanzadas que prevengan accesos no autorizados.

También se recomienda promover el uso responsable de dispositivos conectados. Los docentes pueden enseñar a los estudiantes a evitar compartir información confidencial mientras usan redes públicas y a comprender los riesgos asociados a la interconexión de dispositivos IoT en el aula.

- **Educación en ciberseguridad**: Incluir temas de ciberseguridad en el currículo escolar es una estrategia clave. Los docentes pueden desarrollar actividades interactivas que permitan a los estudiantes experimentar cómo protegerse en línea, como juegos de simulación o debates sobre ética digital. Esto también refuerza el papel del docente como modelo de buenas prácticas tecnológicas.

En conclusión, integrar buenas prácticas de ciberseguridad no solo protege la información sensible, sino que también fomenta un entorno de aprendizaje seguro y prepara a los estudiantes para enfrentarse a los desafíos del mundo digital de manera responsable y consciente.

La ciberseguridad es un aspecto fundamental en la tecnología educativa, ya que los profesores manejan información confidencial sobre los estudiantes y las actividades escolares. Una comprensión básica de las mejores prácticas en protección de datos es imprescindible.

La integración de estas áreas tecnológicas permite a los docentes adaptarse a las demandas del siglo XXI, mejorando la calidad de la enseñanza y ofreciendo a los estudiantes herramientas esenciales para su desarrollo académico y personal.

Capítulo 3.

Comunicación y colaboración digital

En el contexto educativo actual, la comunicación y la colaboración digital son pilares fundamentales para la transformación del aprendizaje. Estas herramientas no solo permiten a los docentes gestionar y coordinar actividades de manera eficiente, sino también crear entornos de aprendizaje más inclusivos, dinámicos y participativos. La capacidad de integrar tecnologías digitales en la comunicación docente-alumno y en las interacciones con padres y tutores fortalece la transparencia y el compromiso hacia los objetivos educativos.

Este capítulo aborda cómo los canales digitales de comunicación han redefinido las relaciones en el ámbito escolar, brindando a los docentes herramientas para facilitar un aprendizaje continuo y colaborativo. Además, explora el impacto de las herramientas colaborativas en línea para mejorar la participación estudiantil, las normas de etiqueta digital como base para interacciones respetuosas y efectivas, y las estrategias necesarias para la gestión proactiva de conflictos en entornos virtuales. Cada una de estas dimensiones contribuye significativamente a construir un ecosistema educativo más efectivo, transparente y adaptado a las demandas del siglo XXI.

3.1. Canales de comunicación digitales con alumnos y padres

La comunicación efectiva es un pilar fundamental en el éxito educativo. En un mundo cada vez más conectado, los canales digitales desempeñan un papel crucial al permitir una interacción rápida y directa entre docentes, alumnos y padres. Herramientas como correos electrónicos, plataformas de mensajería y aplicaciones móviles han transformado la forma en que se comparte información y se coordina el aprendizaje.

3.1.1. Correos electrónicos

Esta es una de las formas más tradicionales y formales de comunicación digital. Los docentes pueden utilizarlos para enviar recordatorios, proporcionar retroalimentación detallada y compartir materiales de estudio. Es importante establecer pautas claras sobre su uso, como tiempos de respuesta y formatos adecuados, para garantizar una comunicación efectiva. Además, el uso de correos institucionales asegura la privacidad y la profesionalidad en las interacciones.

Los correos electrónicos también son útiles para establecer una comunicación estructurada con los padres. Los docentes pueden enviar informes de progreso detallados, invitar a reuniones o compartir recursos educativos adicionales. Además, este medio permite adjuntar documentos, como planes de clase o actividades recomendadas, que complementan el aprendizaje de los estudiantes.

3.1.2. Aplicaciones de mensajería:

Plataformas como WhatsApp, Telegram o Remind son herramientas populares para mantener una comunicación constante y más informal. Estas aplicaciones permiten a los docentes enviar mensajes grupales, resolver dudas rápidamente y coordinar actividades escolares. Sin embargo, es fundamental establecer límites claros para evitar intrusiones en horarios personales. Los docentes deben comunicar horarios de disponibilidad y asegurar que estas plataformas no se conviertan en una fuente de distracción.

Para optimizar su uso, los docentes pueden crear grupos específicos por asignaturas o niveles educativos, lo que facilita la gestión de información relevante. Además, es importante promover un ambiente de respeto y profesionalismo en las interacciones, moderando los mensajes para evitar malentendidos.

3.1.3. Plataformas educativas:

Herramientas como Google Classroom, Moodle o Microsoft Teams también incluyen funciones de comunicación directa. Estas plataformas permiten centralizar la información y garantizar que las interacciones se mantengan en un contexto educativo seguro. Por ejemplo, a través de Microsoft Teams, los estudiantes pueden participar en debates virtuales, mientras que los docentes monitorean y moderan el contenido.

Estas plataformas ofrecen funcionalidades adicionales como foros de discusión, chats grupales y encuestas en línea, que enriquecen la participación de los estudiantes. Además, permiten programar y grabar sesiones de clase, lo que asegura el acceso equitativo al aprendizaje para todos los estudiantes.

3.1.4. Boletines y aplicaciones escolares:

Muchas instituciones utilizan aplicaciones específicas o sistemas de gestión escolar para enviar notificaciones, circulares y actualizaciones importantes. Estas herramientas son útiles para mantener informados a los padres sobre el progreso de sus hijos y los eventos escolares. Los boletines electrónicos también pueden incluir enlaces a recursos adicionales o recomendaciones para apoyar el aprendizaje desde casa.

En muchos casos, estas aplicaciones permiten a los padres realizar un seguimiento en tiempo real del rendimiento académico de sus hijos, accediendo a calificaciones, asistencia y comentarios de los docentes. Esto fomenta una colaboración más estrecha entre el hogar y la escuela, fortaleciendo el apoyo educativo.

Desde el punto de vista docente, la selección del canal adecuado depende del tipo de información que se desea compartir, la urgencia y la audiencia. Establecer una comunicación clara y constante mejora la relación entre las partes involucradas y fomenta un ambiente educativo más colaborativo. Además, la gestión adecuada de los canales de comunicación refuerza la confianza y la transparencia entre docentes, estudiantes y padres.

3.2. Herramientas colaborativas en línea

Las herramientas colaborativas en línea han revolucionado la forma en que se trabaja y aprende en el ámbito educativo. Google Workspace y Microsoft 365 son dos de las suites más utilizadas por los docentes para fomentar la colaboración y la productividad en el aula.

3.2.1. Google Workspace

Esta suite incluye herramientas como Google Docs, Sheets, Slides, Drive y Forms, que permiten a los estudiantes y docentes colaborar en tiempo real. Por ejemplo, los docentes pueden crear documentos compartidos para que los estudiantes trabajen juntos en proyectos grupales, o utilizar Google Forms para recopilar retroalimentación o evaluar conocimientos. Además, Google Drive facilita el almacenamiento y la organización de materiales, asegurando que todos los participantes tengan acceso a los recursos necesarios.

Google Docs permite a los estudiantes trabajar simultáneamente en un documento, haciendo comentarios y sugerencias que fomentan el aprendizaje colaborativo. Google Sheets, por otro lado, es ideal para análisis de datos y proyectos matemáticos, mientras que Slides se utiliza ampliamente para presentaciones creativas. Estas herramientas también permiten la integración con aplicaciones externas como Jamboard, que agrega un elemento interactivo adicional.

Además, Google Workspace ofrece la ventaja de ser accesible desde cualquier dispositivo conectado a Internet, promoviendo la inclusión digital y eliminando barreras geográficas. Esto lo convierte en una herramienta ideal para la educación a distancia o entornos de aprendizaje híbridos.

3.2.2. Microsoft 365

Esta suite ofrece aplicaciones similares, como Word, Excel, PowerPoint y OneDrive, con funcionalidades avanzadas que permiten a los docentes personalizar la experiencia de aprendizaje. Microsoft Teams, en particular, se ha convertido en una herramienta esencial para la educación a distancia y la colaboración en línea. Teams permite crear grupos temáticos, asignar tareas, realizar reuniones virtuales y compartir materiales en un entorno seguro.

Una característica destacada de Microsoft 365 es su compatibilidad con dispositivos offline. Esto garantiza que los estudiantes puedan trabajar en sus proyectos incluso sin conexión a Internet, sincronizándolos automáticamente cuando se restablece la conectividad. Además, la integración con Power Automate permite automatizar procesos repetitivos, como el envío de recordatorios o la generación de informes.

Ambas plataformas ofrecen integraciones con otras aplicaciones y herramientas educativas, lo que amplía sus posibilidades de uso en el aula. Los docentes también pueden monitorear el progreso de los estudiantes y proporcionar retroalimentación en tiempo real, mejorando así la participación y el aprendizaje activo.

Desde el punto de vista docente, el uso de herramientas colaborativas no solo mejora la eficiencia en la gestión del aula, sino que también prepara a los estudiantes para un mundo laboral donde estas habilidades son esenciales. La implementación efectiva de estas herramientas requiere capacitación y planificación, pero los beneficios superan con creces el esfuerzo inicial.

3.3. Normas de etiqueta digital (netiqueta)

La etiqueta digital, o netiqueta, es un conjunto de normas y buenas prácticas que guían la interacción en entornos digitales. En el contexto educativo, estas normas son fundamentales para garantizar una comunicación respetuosa y efectiva entre docentes, estudiantes y padres. Además, actúan como una herramienta pedagógica clave para educar en competencias digitales responsables.

3.3.1. Principales normas de netiqueta y su impacto en el aprendizaje

• **Uso adecuado del lenguaje:** Es esencial emplear un lenguaje claro, respetuoso y profesional en todas las interacciones digitales. Desde el punto de vista docente, modelar esta práctica enseña a los estudiantes la importancia de comunicarse de manera efectiva, evitando el uso de palabras ofensivas o ambiguas que puedan generar malentendidos.

• **Evitar mensajes en mayúsculas:** En el ámbito digital, escribir en mayúsculas se interpreta como gritar. Enseñar esta norma ayuda a los estudiantes a desarrollar sensibilidad hacia los matices de la comunicación escrita en línea, promoviendo un entorno más respetuoso y profesional.

• **Ser conciso y preciso:** Los mensajes largos y sin estructura pueden dificultar la comprensión. Los docentes pueden fomentar en los estudiantes el uso de mensajes claros y organizados, una habilidad crucial para la comunicación académica y profesional.

• **Citar fuentes y dar crédito:** Al compartir información o materiales, reconocer a los autores originales no solo promueve la honestidad académica, sino que también educa en buenas prácticas de investigación y evita el plagio, una de las preocupaciones comunes en el entorno educativo digital.

• **Evitar el spam:** Enviar mensajes repetitivos o innecesarios puede saturar los canales de comunicación y distraer de los objetivos educativos. Enseñar esta norma refuerza el uso responsable de las herramientas digitales.

3.3.2. Estrategias docentes para enseñar netiqueta

1. **Integración en el currículo**: Incorporar lecciones sobre netiqueta como parte de las asignaturas relacionadas con competencias digitales o como un módulo introductorio al inicio del curso.

   • Ejemplo: Actividades prácticas donde los estudiantes analicen mensajes para identificar posibles errores de etiqueta digital.

2. **Modelar el comportamiento esperado**: Los docentes deben actuar como modelos de buenas prácticas en sus interacciones diarias. Por ejemplo, utilizar un lenguaje profesional y respetuoso en correos electrónicos y foros.

3. **Creación de guías y contratos de convivencia digital**: Establecer normas claras desde el inicio del curso puede prevenir conflictos. Estas guías pueden incluir ejemplos de buenas y malas prácticas, adaptadas al nivel educativo de los estudiantes.

4. **Evaluaciones sobre netiqueta**: Diseñar actividades de evaluación donde los estudiantes demuestren su comprensión de las normas. Ejemplo: redactar respuestas apropiadas a escenarios hipotéticos de interacción digital.

5. **Fomentar la reflexión crítica**: Utilizar estudios de caso donde los estudiantes analicen las consecuencias de no seguir las normas de etiqueta digital. Por ejemplo, analizar incidentes de mala comunicación en proyectos grupales.

3.3.3. Netiqueta e inclusión digital

La etiqueta digital también desempeña un papel crucial en la inclusión digital. Los docentes deben fomentar un entorno donde todos los estudiantes se sientan valorados y respetados, independientemente de su contexto cultural, socioeconómico o nivel de habilidad digital. Esto incluye:

- **Uso de lenguaje inclusivo**: Promover la igualdad y evitar expresiones discriminatorias o que refuercen estereotipos.

- **Respeto por la diversidad**: Enseñar a los estudiantes a considerar cómo sus mensajes pueden ser percibidos por personas de diferentes contextos culturales o lingüísticos.

- **Adaptación de recursos**: Asegurarse de que los materiales y herramientas digitales sean accesibles para todos, incluidos aquellos con discapacidades.

3.3.4. Beneficios de la netiqueta para la dinámica educativa

Desde el punto de vista docente, promover la netiqueta no solo facilita una comunicación más efectiva, sino que también reduce la probabilidad de conflictos. Además, educar en estas normas prepara a los estudiantes para participar en comunidades académicas y profesionales en línea, dotándolos de habilidades fundamentales para el siglo XXI.

En conclusión, la netiqueta no es solo una herramienta para mantener la cortesía en los entornos digitales, sino una competencia esencial que los docentes deben fomentar activamente. Enseñar estas normas contribuye al desarrollo integral de los estudiantes, ayudándolos a convertirse en ciudadanos digitales responsables y efectivos.

La etiqueta digital, o netiqueta, es un conjunto de normas y buenas prácticas que guían la interacción en entornos digitales. En el contexto educativo, estas normas son fundamentales para garantizar una comunicación respetuosa y efectiva entre docentes, estudiantes y padres.

Desde el punto de vista docente, promover la netiqueta es esencial para crear un ambiente de aprendizaje respetuoso y productivo. Esto incluye modelar un comportamiento adecuado en las interacciones digitales y enseñar a los estudiantes la importancia de estas normas. Además, establecer reglas claras desde el inicio del curso puede prevenir malentendidos y conflictos.

La netiqueta también juega un papel crucial en la inclusión digital, asegurando que todos los participantes se sientan valorados y respetados. Por ejemplo, los docentes pueden fomentar el uso de un lenguaje inclusivo y evitar comentarios que puedan ser percibidos como discriminatorios u ofensivos.

3.4. Gestión de conflictos en entornos digitales

Los entornos digitales, aunque ofrecen grandes beneficios, también pueden dar lugar a malentendidos y conflictos. La gestión efectiva de estos conflictos es una habilidad clave para los docentes, ya que garantiza un ambiente de aprendizaje armonioso.

3.4.1. Causas comunes de conflictos digitales

Los conflictos en entornos digitales pueden surgir por diversas razones, muchas de las cuales tienen que ver con la naturaleza mediada y a menudo impersonal de la comunicación en línea. Desde el punto de vista docente, entender estas causas permite anticiparse y actuar para prevenir situaciones que afecten el aprendizaje. Algunas de las causas más comunes incluyen:

- **Falta de claridad en la comunicación**: En los entornos digitales, la ausencia de tono, expresión facial o lenguaje corporal puede llevar a malentendidos. Mensajes ambiguos o redactados apresuradamente pueden ser interpretados de manera incorrecta, generando confusión y tensiones entre los estudiantes o incluso entre docentes y estudiantes.

- **Expectativas no alineadas**: En muchas ocasiones, las reglas de interacción o las expectativas sobre el uso de herramientas digitales no se comunican de forma adecuada. Esto puede llevar a que los estudiantes empleen los canales de manera inapropiada o no entiendan el alcance de su participación en el entorno en línea.

- **Diferencias culturales y de contexto**: En aulas diversas, las normas culturales o las interpretaciones sobre ciertos comportamientos pueden variar ampliamente. Lo que en una cultura puede considerarse como un comentario neutral, en otra podría percibirse como ofensivo o inapropiado. Estas diferencias pueden amplificarse en interacciones digitales.

- **Anónimo y anonimato**: La percepción de "distancia" en la comunicación digital puede llevar a algunos participantes a actuar de manera menos respetuosa o responsable. Comentarios desconsiderados, críticas públicas o comportamientos despectivos pueden intensificarse en plataformas donde el control directo del docente es menor.

- **Mal uso de las herramientas digitales**: Algunos estudiantes pueden utilizar las plataformas digitales para propósitos no relacionados con la clase, como enviar mensajes irrelevantes o interrumpir actividades. Además, el spam o los comentarios repetitivos pueden desviar la atención de los objetivos del curso, generando frustración entre los participantes.

Comprender estas causas permite a los docentes implementar estrategias preventivas y proactivas, estableciendo reglas claras y promoviendo un ambiente de interacción respetuoso y constructivo.

- **Falta de claridad en la comunicación**: Mensajes ambiguos o mal redactados pueden llevar a malentendidos.
- **Diferencias culturales**: Las normas y expectativas pueden variar según el contexto cultural, lo que puede causar fricciones.
- **Mal uso de las herramientas digitales**: El spam, los comentarios inapropiados o el uso indebido de los recursos pueden generar tensiones.

3.4.2. Estrategias de gestión de conflictos

Gestionar conflictos en entornos digitales es un reto que requiere tanto estrategias proactivas como habilidades de mediación. Desde el punto de vista docente, es fundamental abordar los conflictos con empatía, claridad y un enfoque educativo que permita convertir estas situaciones en oportunidades de aprendizaje. Algunas estrategias clave incluyen:

1. **Establecer reglas claras y consistentes:**
   - Desde el inicio del curso, los docentes deben definir y comunicar las normas de interacción digital. Estas normas deben incluir cómo usar las plataformas, horarios de comunicación, y códigos de conducta esperados.
   - Crear un "contrato digital" puede ser útil, donde los estudiantes y padres firmen un acuerdo sobre el uso adecuado de herramientas y plataformas.
   - Asegurarse de revisar periódicamente estas normas y adaptarlas según las necesidades del grupo.

2. **Fomentar una comunicación abierta y segura:**
   - Establecer un espacio digital donde los estudiantes puedan expresar sus inquietudes de forma privada y respetuosa. Esto puede ser a través de formularios anónimos, correos electrónicos o sesiones de consulta.
   - Modelar un lenguaje positivo y constructivo en todas las interacciones digitales para establecer un ejemplo que los estudiantes puedan seguir.
   - Escuchar activamente las preocupaciones de los estudiantes, validando sus emociones y buscando soluciones que sean inclusivas y justas.

3. **Utilizar técnicas de mediación en caso de conflictos:**
   - En situaciones de desacuerdo, el docente debe actuar como mediador imparcial. Esto incluye escuchar las perspectivas de todas las partes involucradas antes de emitir juicios o tomar decisiones.
   - Facilitar el diálogo constructivo entre las partes, utilizando preguntas abiertas que promuevan la reflexión y el entendimiento mutuo.

- Proponer soluciones colaborativas donde las partes puedan comprometerse y encontrar un punto medio.

4. **Capacitar a los estudiantes en resolución de conflictos:**

   - Incorporar actividades y talleres que enseñen habilidades de comunicación efectiva, empatía y manejo de emociones en entornos digitales.
   - Realizar simulaciones o estudios de caso sobre conflictos comunes en plataformas digitales para que los estudiantes practiquen estrategias de resolución.
   - Promover el respeto mutuo como un valor esencial, destacando la importancia de considerar las perspectivas de los demás.

5. **Documentar y dar seguimiento a los incidentes:**

   - Registrar los conflictos más relevantes, detallando las causas, las acciones tomadas y los resultados obtenidos.
   - Este registro puede ser útil para evaluar patrones recurrentes y mejorar las estrategias de prevención.
   - Garantizar que los incidentes sean tratados de manera justa y transparente, comunicando los resultados a las partes involucradas cuando sea necesario.

6. **Involucrar a las familias y otros actores educativos:**

   - En conflictos graves, es crucial informar a los padres o tutores de los estudiantes afectados, asegurándose de que comprendan el contexto y las medidas tomadas.
   - Colaborar con otros docentes, orientadores escolares o personal de soporte técnico para abordar conflictos desde una perspectiva integral.

Desde la perspectiva docente, estas estrategias no solo resuelven conflictos, sino que también contribuyen a crear un ambiente de aprendizaje seguro, inclusivo y respetuoso. Cada interacción se convierte en una oportunidad para educar sobre la importancia del respeto, la responsabilidad digital y la colaboración efectiva.

1. **Establecer reglas claras**: Desde el inicio, los docentes deben definir cómo se espera que los estudiantes utilicen las herramientas digitales y cómo deben comportarse en las interacciones en línea.

2. **Fomentar una comunicación abierta**: Los estudiantes deben sentirse cómodos compartiendo sus preocupaciones o desacuerdos. Los docentes pueden crear espacios seguros donde se aborden los problemas de manera constructiva.

3. **Mediar en los conflictos**: En caso de desacuerdos, el docente debe actuar como mediador imparcial, escuchando todas las partes y buscando soluciones que beneficien al grupo.

4. **Capacitación en resolución de conflictos**: Los docentes pueden organizar talleres o actividades que enseñen a los estudiantes a manejar desacuerdos de manera respetuosa y efectiva.

Desde el punto de vista docente, la gestión de conflictos digitales es una oportunidad para enseñar habilidades de resolución de problemas y comunicación efectiva. Al abordar los conflictos de manera proactiva y respetuosa, los docentes pueden transformar situaciones difíciles en oportunidades de aprendizaje.

También es fundamental que los docentes documenten cualquier incidente significativo en plataformas digitales, lo que permite realizar seguimientos y garantizar que los problemas sean abordados de manera justa y transparente.

Capítulo 4.

Creación y gestión de recursos digitales

La creación y gestión de recursos digitales es una competencia clave en la labor docente actual, ya que permite transformar el proceso de enseñanza-aprendizaje en una experiencia más dinámica y significativa. Estas herramientas tecnológicas ofrecen la posibilidad de diseñar materiales que no solo sean visualmente atractivos e interactivos, sino también adaptables a las necesidades específicas de cada grupo de estudiantes. Los docentes pueden utilizar estas soluciones para promover un aprendizaje más personalizado, garantizar la inclusión y atender diferentes estilos cognitivos. Además, al integrar estos recursos en el aula, se fomenta la motivación, el compromiso y la participación activa de los estudiantes, optimizando los resultados educativos.

4.1. Diseño de materiales interactivos

El diseño de materiales interactivos permite captar la atención de los estudiantes al ofrecer recursos que estimulan su curiosidad y motivación. Estos materiales no solo facilitan la comprensión de contenidos complejos a través de elementos visuales atractivos, sino que también promueven la participación activa al incluir interacciones dinámicas y personalizables. Herramientas como Canva, Genially y H5P han revolucionado la forma en que los docentes estructuran sus clases, permitiendo crear materiales visuales, interactivos y adaptables a diferentes estilos de aprendizaje. Al emplear estas soluciones, los docentes pueden transformar el aula en un espacio más inclusivo, colaborativo e innovador, garantizando un impacto positivo en el aprendizaje de todos los estudiantes.

4.1.1. Canva

Canva es una herramienta indispensable para diseñar materiales visuales como infografías, presentaciones y hojas de actividades. Su interfaz intuitiva y su extensa biblioteca de elementos gráficos permiten a los docentes personalizar los recursos para adaptarlos a diferentes niveles educativos. Además, ofrece la posibilidad de trabajar en equipo gracias a su funcionalidad de edición colaborativa en tiempo real, ideal para proyectos grupales. Canva también incluye plantillas específicas para el ámbito educativo, como mapas conceptuales y agendas escolares, lo que optimiza la preparación de clases. Al exportar los diseños en diversos formatos, los materiales pueden ser utilizados tanto en entornos digitales como en actividades presenciales.

4.1.2. Genially

Genially transforma las clases en experiencias inmersivas a través de presentaciones interactivas, mapas conceptuales y simulaciones. Su versatilidad permite integrar elementos multimedia como vídeos y botones interactivos, fomentando la participación activa de los estudiantes. Los docentes pueden personalizar plantillas adaptadas a diferentes asignaturas, facilitando la enseñanza de conceptos complejos de manera visual e intuitiva. Además, su compatibilidad con plataformas como Google Classroom permite compartir los materiales de forma sencilla. Genially también ofrece analíticas para evaluar el impacto de los recursos y ajustar las estrategias pedagógicas según las necesidades del grupo.

4.1.3. **H5P**

H5P permite a los docentes crear cuestionarios, presentaciones interactivas y juegos educativos de manera sencilla. Su integración con sistemas de gestión del aprendizaje como Moodle y Canvas facilita el uso en entornos educativos estructurados. Además, cumple con estándares de accesibilidad, garantizando que los materiales sean inclusivos. Los docentes pueden utilizar H5P para proporcionar retroalimentación inmediata, lo que mejora la comprensión de los estudiantes y refuerza el aprendizaje activo. Su funcionalidad para incorporar vídeos enriquecidos y actividades gamificadas hace que sea una herramienta esencial para enriquecer las experiencias educativas.

4.2. **Grabación y edición de video educativo**

Los vídeos educativos han transformado la enseñanza, ofreciendo a los docentes la oportunidad de llegar a una audiencia más amplia y diversificada. Estas herramientas permiten presentar los contenidos de manera visual y auditiva, lo que facilita la comprensión de conceptos complejos y se adapta a diferentes estilos de aprendizaje. Los docentes pueden crear materiales audiovisuales que los estudiantes revisen a su propio ritmo, promoviendo la autonomía en el aprendizaje. Además, los vídeos educativos son ideales para reforzar temas vistos en clase, atender necesidades específicas o proporcionar retroalimentación detallada. Este enfoque mejora la accesibilidad y enriquece significativamente la experiencia educativa.

4.2.1. OBS Studio

OBS Studio es un software de código abierto que permite a los docentes grabar y transmitir sesiones en vivo con calidad profesional. Su capacidad para combinar múltiples fuentes de video y audio, como presentaciones, cámaras y capturas de pantalla, lo convierte en una herramienta versátil. Los profesores pueden utilizar OBS para grabar tutoriales, realizar demostraciones prácticas o impartir clases en tiempo real. Además, su naturaleza gratuita democratiza el acceso a recursos audiovisuales de alta calidad, siendo una opción ideal para instituciones con presupuestos limitados.

4.2.2. Filmora

Filmora es un editor de video intuitivo que permite a los docentes crear materiales audiovisuales atractivos y personalizados. Ofrece funciones avanzadas como transiciones, corrección de color y edición de audio, que ayudan a mejorar la calidad de los vídeos. Además, incluye herramientas para agregar subtítulos y elementos gráficos, lo que garantiza la accesibilidad de los contenidos. Los docentes pueden utilizar Filmora para crear vídeos explicativos, lecciones grabadas o proyectos visuales que refuercen los conceptos tratados en clase, adaptándolos a las necesidades de los estudiantes.

4.2.3. Loom

Loom facilita la grabación de pantalla y cámara simultáneamente, permitiendo a los docentes crear vídeos rápidos y efectivos. Su almacenamiento en la nube simplifica la distribución de recursos, ya que los vídeos pueden compartirse mediante enlaces seguros. Loom es ideal para proporcionar retroalimentación personalizada, explicar conceptos específicos o dar instrucciones detalladas sobre tareas. Además, su simplicidad de uso y su compatibilidad con dispositivos móviles garantizan la accesibilidad para todos los estudiantes.

4.3. Creación de cuestionarios y evaluaciones interactivas

Las evaluaciones interactivas ofrecen maneras dinámicas y significativas para medir el progreso de los estudiantes, permitiendo a los docentes adaptar sus estrategias pedagógicas según las necesidades detectadas. Estas herramientas no solo evalúan los conocimientos adquiridos, sino que también fomentan la participación activa y la motivación al integrar elementos lúdicos y tecnológicos en el proceso. Desde la perspectiva docente, este enfoque permite una evaluación continua y personalizada, ofreciendo datos analíticos en tiempo real que ayudan a identificar fortalezas y áreas de mejora. Además, contribuyen a crear un entorno más colaborativo y estimulante, enriqueciendo la experiencia educativa de todos los involucrados.

4.3.1. Kahoot

Kahoot es una herramienta que transforma las evaluaciones en actividades dinámicas y atractivas al combinar el aprendizaje con la gamificación. Los docentes pueden diseñar cuestionarios interactivos que no solo evalúan el progreso de los estudiantes, sino que también fomentan la colaboración y el trabajo en equipo. Su formato de juego en tiempo real genera un ambiente de participación activa, motivando incluso a los estudiantes más reticentes. Además, la retroalimentación inmediata permite a los docentes identificar áreas de mejora y ajustar sus estrategias pedagógicas en tiempo real. Los datos analíticos detallados que ofrece Kahoot ayudan a personalizar el proceso de enseñanza, asegurando que cada estudiante reciba la atención necesaria. Esta herramienta no solo mejora la experiencia educativa, sino que también hace que el aprendizaje sea divertido y memorable para los estudiantes.

4.3.2. Quizizz

Quizizz es una herramienta altamente flexible que permite a los estudiantes completar actividades a su propio ritmo, fomentando un aprendizaje personalizado que respeta los diferentes niveles de comprensión y velocidad de progreso. Desde el punto de vista docente, esta herramienta ofrece cuestionarios interactivos con retroalimentación automática que refuerza los conceptos aprendidos y aclara dudas en tiempo real. Los reportes detallados proporcionan datos esenciales para identificar fortalezas y áreas de mejora en los estudiantes, permitiendo ajustar las estrategias pedagógicas de manera efectiva. Además, su interfaz atractiva, con elementos de gamificación como puntuaciones, avatares y tablas de clasificación, no solo mantiene el interés de los estudiantes, sino que también los motiva a superarse mientras refuerzan habilidades clave. Quizizz es ideal para evaluar tanto de forma individual como grupal, promoviendo la autonomía y la colaboración en el aula.

4.3.3. Socrative

Socrative es una herramienta fundamental para la evaluación formativa, permitiendo a los docentes diseñar cuestionarios, encuestas y actividades de retroalimentación en tiempo real que enriquecen el proceso de enseñanza-aprendizaje. Su funcionalidad de retroalimentación inmediata brinda a los estudiantes una comprensión clara de sus áreas de mejora, mientras que los informes detallados proporcionan a los docentes información clave para ajustar sus estrategias pedagógicas de manera efectiva. Socrative también fomenta la participación activa mediante actividades colaborativas como "Space Races", que promueven la competitividad sana y el trabajo en equipo. Además, su interfaz intuitiva y accesibilidad en múltiples dispositivos la convierten en una herramienta versátil para cualquier entorno educativo, ya sea presencial, híbrido o virtual. Los docentes pueden utilizar Socrative no solo para evaluar, sino también para dinamizar las clases y reforzar conceptos clave en tiempo real.

4.4. Gestión y almacenamiento de recursos

La organización eficiente de recursos digitales es esencial para garantizar un acceso rápido y seguro a los materiales educativos, permitiendo que los docentes puedan centrarse en la enseñanza y no en problemas técnicos. Una gestión adecuada no solo asegura que los estudiantes dispongan de los recursos necesarios en el momento oportuno, sino que también facilita la colaboración entre profesores y alumnos en proyectos grupales. Además, con la creciente dependencia de plataformas digitales, organizar y almacenar los materiales de manera estructurada se ha convertido en una habilidad fundamental para garantizar la continuidad del aprendizaje en cualquier circunstancia, incluso en entornos virtuales o híbridos.

4.4.1. Google Drive

Google Drive es una herramienta esencial para los docentes, ya que facilita la organización, el almacenamiento y la colaboración en proyectos educativos. Permite compartir archivos en tiempo real y trabajar de manera simultánea con otros docentes o estudiantes, optimizando el tiempo y garantizando que todos los participantes tengan acceso a los materiales más recientes. Su integración con Google Workspace permite gestionar documentos, presentaciones y hojas de cálculo de forma fluida, asegurando la compatibilidad y facilidad de uso. Además, la funcionalidad de copias de seguridad automáticas protege los materiales contra pérdidas accidentales, asegurando su disponibilidad en cualquier momento y desde cualquier dispositivo. Google Drive también destaca por su capacidad de almacenamiento ampliable y herramientas avanzadas de organización, que permiten a los docentes estructurar los recursos de manera clara y accesible. Esta plataforma no solo promueve la eficiencia, sino que también fomenta la colaboración en proyectos grupales, mejorando la dinámica educativa y facilitando el aprendizaje en entornos tanto presenciales como virtuales.

4.4.2. OneDrive

OneDrive, integrado con Microsoft 365, es una herramienta clave para docentes que buscan una solución eficiente para la sincronización de documentos y la colaboración en proyectos educativos. Su capacidad para trabajar en tiempo real permite a los profesores y estudiantes compartir, editar y gestionar recursos simultáneamente, fomentando un entorno de aprendizaje dinámico y colaborativo. El sistema de seguridad avanzado de OneDrive garantiza que los archivos estén protegidos contra accesos no autorizados, proporcionando tranquilidad a la hora de manejar información sensible. Además, su acceso multiplataforma asegura que los recursos estén disponibles en cualquier momento y desde cualquier dispositivo, lo que resulta crucial en contextos educativos híbridos o virtuales. Gracias a su integración con otras aplicaciones de Microsoft 365, como Word, Excel y Teams, OneDrive permite una transición fluida entre herramientas, optimizando el tiempo de los docentes y mejorando la gestión de recursos en el aula.

4.4.3. Dropbox

Dropbox es una herramienta fundamental para los docentes que buscan gestionar y compartir recursos de manera eficiente y segura. Su sincronización automática garantiza que los materiales estén siempre actualizados, facilitando el acceso rápido a documentos importantes desde cualquier dispositivo. Esto resulta particularmente útil en contextos educativos donde la agilidad y la organización son esenciales. Además, Dropbox cuenta con opciones avanzadas de gestión de permisos que permiten definir niveles de acceso, asegurando que los recursos solo sean visibles para quienes tengan autorización, lo que es crucial para proteger información sensible o confidencial.

Desde el punto de vista docente, Dropbox se convierte en un aliado clave para fomentar la colaboración en proyectos grupales entre estudiantes y profesores. Los participantes pueden editar documentos compartidos en tiempo real, eliminando la necesidad de múltiples versiones de un archivo y mejorando la eficiencia en el trabajo en equipo. Su capacidad para almacenar una variedad de formatos de archivo, desde vídeos educativos hasta documentos de texto, la hace altamente versátil. Asimismo, Dropbox ofrece opciones de recuperación de versiones anteriores de archivos, una funcionalidad valiosa en entornos educativos dinámicos donde los cambios frecuentes son comunes. En definitiva, Dropbox no solo optimiza la gestión de recursos, sino que también mejora la dinámica colaborativa y la seguridad en el entorno educativo.

En conclusión, estas herramientas no solo optimizan la gestión de materiales educativos, sino que también transforman la forma en que los docentes organizan y comparten recursos, fomentando una colaboración efectiva tanto entre estudiantes como entre colegas. Al garantizar la seguridad y disponibilidad constante de los materiales, se promueve un entorno de aprendizaje más resiliente y flexible que puede adaptarse a los desafíos de la educación moderna, incluyendo modalidades virtuales, híbridas y presenciales. Además, estas herramientas contribuyen a desarrollar competencias digitales en docentes y estudiantes, fortaleciendo la preparación para los retos del futuro.

Capítulo 5.

Evaluación y seguimiento en entornos digitales

La evaluación y el seguimiento en entornos digitales han transformado profundamente la forma en que los docentes evalúan el aprendizaje y ajustan sus estrategias pedagógicas para atender mejor a sus estudiantes. Estas herramientas ofrecen datos detallados y en tiempo real que permiten a los profesores identificar patrones de aprendizaje, diagnosticar áreas de mejora y personalizar sus intervenciones de manera precisa. Además, facilitan la creación de ambientes más inclusivos y adaptados a las necesidades individuales, contribuyendo a un proceso de aprendizaje más equitativo. Este capítulo profundiza en el uso de sistemas de evaluación, rúbricas digitales, analíticas educativas y estrategias de retroalimentación efectiva para fortalecer las prácticas docentes en un entorno cada vez más digitalizado y demandante.

5.1. Sistemas de evaluación formativa y sumativa en plataformas virtuales

Las plataformas virtuales han transformado los sistemas de evaluación al ofrecer a los docentes una amplia gama de herramientas para gestionar tanto evaluaciones formativas como sumativas de manera eficiente, innovadora y personalizada. Estas herramientas automatizan tareas administrativas como la calificación y la generación de informes, liberando tiempo para que los docentes puedan enfocarse en diseñar estrategias pedagógicas más creativas y centradas en las necesidades de los estudiantes. Además, estas plataformas permiten la creación de actividades adaptadas a diferentes estilos de aprendizaje y ritmos, asegurando que cada estudiante reciba la atención necesaria para alcanzar su máximo potencial académico.

Evaluación formativa

Este tipo de evaluación busca acompañar el proceso de aprendizaje, proporcionando retroalimentación continua que motive y oriente a los estudiantes hacia la mejora constante. Herramientas como Google Classroom, Microsoft Teams y Moodle permiten a los docentes diseñar experiencias de aprendizaje significativas mediante cuestionarios autocalificables, actividades interactivas y foros de discusión. Por ejemplo, los cuestionarios en Moodle pueden incluir explicaciones detalladas para cada respuesta incorrecta, lo que no solo ayuda a los estudiantes a identificar sus errores, sino que también fomenta un aprendizaje activo al animarlos a investigar las soluciones correctas. Además, los espacios de discusión virtual promueven la colaboración entre los estudiantes y el intercambio de ideas, permitiendo a los docentes evaluar también habilidades como la comunicación y el pensamiento crítico. Desde la perspectiva docente, estas herramientas facilitan la monitorización en tiempo real del progreso de los estudiantes, proporcionando datos valiosos para personalizar el proceso educativo y asegurar que cada estudiante reciba el apoyo necesario para superar sus dificultades y alcanzar sus metas académicas.

Evaluación sumativa

Las evaluaciones finales en entornos digitales, como exámenes en línea y proyectos multimedia, se han convertido en una herramienta indispensable para valorar de manera integral el desempeño de los estudiantes. Estas plataformas permiten a los docentes crear exámenes que combinan preguntas de diferentes formatos, como selección múltiple, respuestas abiertas y ejercicios prácticos, adaptándose así a los diversos estilos de aprendizaje. Además, las herramientas de verificación de originalidad, como Turnitin y SafeAssign, no solo aseguran la integridad académica, sino que también fomentan en los estudiantes hábitos de investigación ética y responsable. Estas plataformas también ofrecen opciones avanzadas para personalizar las evaluaciones, como la configuración de límites de tiempo y la aleatorización de preguntas para garantizar la equidad y minimizar riesgos de copia. Desde el punto de vista docente, la posibilidad de programar exámenes con estos elementos permite un control más riguroso y una administración más eficiente de las pruebas.

Además, los informes detallados generados tras las evaluaciones ofrecen a los docentes una visión clara y estructurada del desempeño colectivo e individual. Estos datos permiten identificar tendencias en el aprendizaje, detectar áreas de dificultad y ajustar los contenidos para futuras actividades académicas. En conjunto, la evaluación sumativa digital no solo mejora la gestión de las pruebas, sino que también eleva la calidad del proceso educativo al integrar tecnología y pedagogía de manera efectiva.

Beneficios desde el punto de vista docente

Estos sistemas centralizan las evaluaciones en un solo lugar, facilitando la gestión y el seguimiento del progreso de los estudiantes. Los informes detallados que generan ayudan a los profesores a identificar patrones de aprendizaje y tomar decisiones pedagógicas basadas en datos concretos. Además, la automatización de tareas administrativas libera tiempo para que los docentes puedan concentrarse en aspectos más creativos e innovadores de su enseñanza, como el diseño de actividades más significativas y personalizadas para sus estudiantes.

Las plataformas virtuales han transformado los sistemas de evaluación, permitiendo a los docentes realizar tanto evaluaciones formativas como sumativas de manera eficiente y efectiva.

Evaluación formativa

En entornos digitales, esta modalidad de evaluación se centra en proporcionar retroalimentación continua durante el proceso de aprendizaje. Herramientas como Google Classroom, Microsoft Teams y Moodle permiten a los docentes crear cuestionarios, foros de discusión y actividades interactivas que no solo evalúan el progreso de los estudiantes, sino que también los motivan a mejorar. Por ejemplo, los cuestionarios con retroalimentación inmediata ayudan a los estudiantes a identificar errores y aprender de ellos.

Evaluación sumativa

Las evaluaciones finales también se benefician del uso de plataformas virtuales. Los exámenes en línea y las entregas de proyectos digitales permiten a los docentes valorar el desempeño global de los estudiantes. Además, muchas herramientas incluyen funciones de verificación de originalidad, como Turnitin, que garantizan la integridad académica.

Desde el punto de vista docente, estos sistemas permiten una gestión más organizada de las evaluaciones, al centralizar las actividades, automatizar calificaciones y generar informes detallados sobre el rendimiento de los estudiantes.

5.2. Uso de rúbricas digitales

Las rúbricas digitales son herramientas esenciales para evaluar tareas y proyectos de manera objetiva y consistente, aportando claridad tanto a estudiantes como a docentes en el proceso evaluativo. Estas rúbricas se basan en criterios bien definidos y escalas de calificación que detallan las expectativas y los niveles de desempeño requeridos en cada actividad. Para los estudiantes, ofrecen una guía explícita que les permite comprender qué aspectos priorizar y cómo alcanzar los mejores resultados. Desde el punto de vista docente, facilitan la estructuración de la retroalimentación, garantizando que esta sea coherente, equitativa y alineada con los objetivos pedagógicos. Además, promueven una mayor transparencia en el proceso de evaluación, fortaleciendo la confianza entre estudiantes y profesores, y fomentando una cultura de mejora continua.

Herramientas para crear rúbricas

Plataformas como Google Classroom, RubiStar y Canvas ofrecen a los docentes herramientas flexibles y fáciles de usar para diseñar y aplicar rúbricas. Estas soluciones tecnológicas permiten personalizar criterios de evaluación según las necesidades específicas de cada asignatura, nivel educativo y objetivo pedagógico. Los docentes pueden asociar directamente las rúbricas a actividades específicas, como proyectos, ensayos o presentaciones, integrándolas en las plataformas de aprendizaje. Además, estas herramientas facilitan la revisión colaborativa, ya que permiten a los profesores trabajar juntos en el diseño y aplicación de rúbricas compartidas, fomentando una evaluación más uniforme y equitativa. Esta funcionalidad no solo optimiza el tiempo de calificar, sino que también refuerza la transparencia y la coherencia en el proceso evaluativo.

Ejemplo práctico

En un proyecto de investigación, una rúbrica podría incluir criterios como calidad de la información, organización, originalidad y presentación visual. Cada criterio tendría una escala de valoración que indique el nivel de desempeño (por ejemplo, insuficiente, aceptable, bueno, excelente). Por ejemplo, en el criterio de calidad de la información, se podría evaluar la profundidad de la investigación, el uso adecuado de fuentes fiables y la coherencia en la argumentación. En organización, se valoraría la estructura del documento y la claridad en la secuencia de ideas. La originalidad podría medir la creatividad en el enfoque del tema, mientras que la presentación visual incluiría aspectos como el diseño, el uso de gráficos y la estética general. Este enfoque no solo permite una evaluación detallada, sino que también brinda a los estudiantes una guía clara para mejorar en futuras tareas.

Desde el punto de vista docente, las rúbricas digitales no solo ahorran tiempo al calificar, sino que también promueven la transparencia y la equidad en el proceso de evaluación, fortaleciendo la confianza entre estudiantes y profesores.

5.3. Seguimiento del progreso del alumno con analíticas educativas

Las analíticas educativas representan una de las herramientas más innovadoras y útiles para los docentes en el contexto digital, ya que permiten monitorizar con precisión el progreso de los estudiantes y ajustar las estrategias de enseñanza basadas en datos concretos. Estas analíticas recopilan y procesan información relevante sobre diversos aspectos del aprendizaje, como la participación activa en actividades, el rendimiento académico en evaluaciones y el nivel de compromiso demostrado en las plataformas digitales. Desde la perspectiva docente, estas herramientas no solo facilitan la identificación temprana de problemas, sino que también permiten implementar soluciones personalizadas para mejorar el desempeño de los estudiantes, promoviendo un aprendizaje más inclusivo y efectivo.

Herramientas de analíticas educativas

Sistemas como Moodle, Blackboard y Microsoft Insights proporcionan a los docentes una visión integral del progreso académico de los estudiantes mediante informes detallados que abarcan diversos aspectos del aprendizaje. Estas herramientas recopilan datos sobre el tiempo de dedicación a las actividades, resultados en evaluaciones y niveles de participación en el entorno virtual. Por ejemplo, Moodle permite identificar qué actividades generan mayor compromiso entre los estudiantes, mientras que Microsoft Insights ofrece indicadores claros sobre el bienestar y la interacción dentro del aula digital. Blackboard, por su parte, permite analizar tendencias de rendimiento y compararlas con objetivos académicos establecidos. Estas plataformas también integran funcionalidades avanzadas como alertas tempranas para detectar riesgos de desmotivación o bajo rendimiento, facilitando así una intervención oportuna por parte del docente. Además, la generación automática de informes ayuda a los profesores a ahorrar tiempo y a concentrarse en ajustar sus estrategias pedagógicas para maximizar el éxito académico de sus estudiantes.

Aplicaciones prácticas

Las analíticas educativas brindan a los docentes una herramienta poderosa para detectar áreas críticas de atención y aplicar estrategias de intervención oportunas. Por ejemplo, si un docente observa que un estudiante tiene bajas tasas de participación en foros o actividades interactivas, puede utilizar esta información para programar tutorías personalizadas o recomendar recursos adicionales que aborden las posibles barreras de aprendizaje. Asimismo, las analíticas permiten identificar patrones generales de aprendizaje en el grupo, como temas que generan mayor dificultad, lo que ayuda a ajustar los contenidos y las estrategias pedagógicas de manera proactiva. Además, estas herramientas permiten a los docentes identificar tendencias a largo plazo, como la evolución del compromiso de un estudiante, ayudando a garantizar que cada uno reciba el apoyo necesario para alcanzar sus metas académicas. Esto no solo mejora el rendimiento individual, sino también optimiza el proceso educativo en su conjunto.

Desde la perspectiva docente, el uso de analíticas educativas no solo mejora la personalización del aprendizaje, sino que también optimiza la gestión del tiempo y los recursos, permitiendo una enseñanza más eficaz y centrada en el estudiante.

5.4. Retroalimentación efectiva en entornos digitales

La retroalimentación es un componente esencial en el proceso de aprendizaje, y en entornos digitales su importancia se magnifica debido a la ausencia de interacciones cara a cara. Proporcionar retroalimentación efectiva permite a los estudiantes identificar sus fortalezas y áreas de mejora con claridad, lo que les ayuda a construir confianza y desarrollar habilidades críticas. Desde el punto de vista docente, esta retroalimentación debe ser oportuna, constructiva y específica, utilizando ejemplos claros y sugerencias accionables que orienten al estudiante hacia su máximo potencial académico. Herramientas como Google Docs, Loom o Microsoft Teams facilitan la personalización de los comentarios, garantizando que sean relevantes y accesibles. Además, la retroalimentación documentada en entornos digitales permite un seguimiento continuo, promoviendo un aprendizaje iterativo y profundo que refuerza la conexión entre el docente y el estudiante.

5.4.1 Estrategias para una retroalimentación efectiva

Los docentes pueden emplear una amplia variedad de herramientas y técnicas para proporcionar retroalimentación que sea clara, específica y motivadora. Herramientas como Google Docs permiten realizar comentarios precisos en partes específicas del texto, mientras que las anotaciones en PDFs o el uso de grabaciones de voz y video mediante Loom agregan un componente personal y dinámico a la retroalimentación. Es crucial que los comentarios sean constructivos y oportunos, ayudando a los estudiantes a actuar de inmediato sobre ellos. Por ejemplo, en lugar de un comentario general como "necesitas mejorar", el docente podría proporcionar un análisis detallado: "La introducción es clara y atractiva; sin embargo, te sugiero que amplíes el desarrollo del segundo argumento incluyendo más datos de apoyo para fortalecer tu conclusión". Además, la retroalimentación debe ser un diálogo continuo, donde el estudiante tenga la oportunidad de reflexionar, ajustar y recibir nuevas observaciones, promoviendo así un aprendizaje iterativo y significativo. Incluir preguntas abiertas en la retroalimentación, como "¿Cómo crees que podrías reforzar este punto?", también fomenta la autorreflexión y la autonomía del estudiante.

5.4.2 Beneficios de la retroalimentación en línea

Estas herramientas permiten a los docentes ser más detallados y personalizados en sus comentarios, además de facilitar la documentación de los mismos para futuras referencias. Además, los estudiantes tienen la oportunidad de reflexionar sobre la retroalimentación y hacer ajustes en sus trabajos de manera iterativa.

Desde el punto de vista docente, la retroalimentación efectiva en entornos digitales fortalece la comunicación con los estudiantes, fomenta la mejora continua y contribuye a un aprendizaje más profundo y significativo.

En conclusión, la evaluación y el seguimiento en entornos digitales proporcionan a los docentes herramientas innovadoras para mejorar la calidad de la enseñanza y el aprendizaje. Al integrar estas prácticas en el aula, los educadores pueden crear experiencias más personalizadas, inclusivas y efectivas, respondiendo a las demandas de un mundo cada vez más digitalizado.

Capítulo 6.

Inclusión digital y atención a la diversidad

La inclusión digital y la atención a la diversidad son componentes esenciales para garantizar una educación equitativa en la era digital. La tecnología, aunque omnipresente, no asegura automáticamente un acceso justo a los recursos educativos. Existen numerosas barreras que pueden limitar el alcance y la efectividad de las herramientas tecnológicas, especialmente para aquellos estudiantes que enfrentan discapacidades, desigualdades socioeconómicas o contextos desfavorecidos. Por ello, el diseño de estrategias inclusivas que consideren la diversidad del alumnado es una necesidad fundamental para cualquier sistema educativo comprometido con la equidad.

6.1. Adaptación de contenidos para alumnos con necesidades educativas especiales

La adaptación de contenidos es una práctica pedagógica que tiene como objetivo asegurar que todos los estudiantes puedan participar de manera activa en el proceso de aprendizaje. Esto implica reconocer que cada persona tiene capacidades y estilos de aprendizaje únicos, lo que exige ajustar los recursos educativos para que sean comprensibles y accesibles para todos.

Un enfoque ampliamente reconocido para la adaptación de contenidos es el **Diseño Universal de Aprendizaje (DUA)**. Este modelo propone que los materiales educativos deben ser diseñados desde el principio con la flexibilidad necesaria para atender a una variedad de necesidades. Esto se logra mediante la diversificación de las formas en las que se presenta la información, las maneras en que los estudiantes pueden expresar lo que han aprendido y las estrategias utilizadas para motivarlos. Por ejemplo, un material didáctico sobre historia podría incluir textos, vídeos, imágenes interactivas y actividades prácticas, asegurando así que los estudiantes con distintas habilidades puedan acceder al contenido de formas significativas.

Otro aspecto importante en la adaptación de contenidos es el uso de herramientas de apoyo específicas. Los pictogramas y ayudas visuales, por ejemplo, son particularmente útiles para estudiantes con Trastornos del Espectro Autista (TEA) o discapacidad intelectual, ya que ofrecen una representación clara y estructurada de la información. De igual manera, los recursos multiformato, como audiolibros o transcripciones en texto para vídeos, son fundamentales para estudiantes con discapacidades visuales o auditivas. Estas herramientas no solo facilitan el acceso, sino que también promueven un aprendizaje más autónomo y participativo.

El lenguaje utilizado en los materiales educativos también desempeña un papel crucial. Debe ser claro, conciso y adaptado al nivel de comprensión del alumnado. Los textos demasiado técnicos o abstractos pueden dificultar la comprensión, especialmente para aquellos con dificultades cognitivas o lingüísticas. Por ello, es esencial priorizar explicaciones simples, complementadas con ejemplos prácticos que conecten los conceptos con situaciones del mundo real.

Además, la evaluación del aprendizaje debe ser flexible y adaptativa. No todos los estudiantes responden de la misma manera a los métodos de evaluación tradicionales, como los exámenes escritos. En este sentido, ofrecer opciones como presentaciones orales, proyectos creativos o demostraciones prácticas puede permitir que cada alumno muestre su progreso de manera que refleje mejor sus capacidades individuales.

6.2. Accesibilidad digital: principios y herramientas

La accesibilidad digital es un principio que busca garantizar que todas las personas, independientemente de sus capacidades, puedan utilizar de manera efectiva las tecnologías de la información y la comunicación. Este concepto es particularmente relevante en el ámbito educativo, donde los recursos digitales deben ser diseñados pensando en la diversidad de necesidades de los estudiantes.

Un marco fundamental para abordar la accesibilidad digital son las **Pautas de Accesibilidad al Contenido en la Web (WCAG, por sus siglas en inglés)**, desarrolladas por la World Wide Web Consortium (W3C). Estas pautas se organizan en torno a cuatro principios básicos: que los contenidos sean perceptibles, operables, comprensibles y robustos. Estos principios se traducen en prácticas concretas como proporcionar descripciones textuales para imágenes, permitir la navegación por teclado para personas con movilidad reducida, y asegurar que los textos sean claros y fáciles de entender.

Existen diversas herramientas que facilitan la accesibilidad digital. Los lectores de pantalla, como NVDA o JAWS, son esenciales para las personas con discapacidad visual, ya que convierten el texto en audio o braille. Por su parte, los subtítulos y las transcripciones son indispensables para las personas con discapacidad auditiva, no solo en vídeos educativos sino también en plataformas interactivas que integran contenido multimedia. Otra herramienta fundamental son los contrastes de color y las tipografías legibles, que facilitan la lectura a estudiantes con baja visión o dislexia.

La accesibilidad también requiere un enfoque proactivo por parte de los educadores y desarrolladores de contenido. Por ejemplo, al crear una presentación o un recurso digital, es importante evaluar su accesibilidad utilizando validadores automáticos y pruebas con usuarios reales. Además, es fundamental recibir formación continua en accesibilidad digital, dado que las herramientas y las normativas están en constante evolución.

6.3. Fomentar la igualdad en el acceso y uso de la tecnología

La igualdad en el acceso y uso de la tecnología no se limita a proveer dispositivos o conexión a internet. Involucra un esfuerzo más amplio por eliminar las barreras que perpetúan las desigualdades y asegurar que todas las personas, independientemente de su contexto socioeconómico, cultural o geográfico, tengan las mismas oportunidades de participar en la sociedad digital.

En este sentido, la **brecha digital** es uno de los desafíos más críticos. Mientras que algunos estudiantes cuentan con acceso a dispositivos de última generación y conexiones rápidas, otros apenas tienen acceso básico a internet, lo que limita su capacidad para beneficiarse de los recursos educativos digitales. En respuesta a esto, muchas instituciones han implementado programas de préstamo de dispositivos, creación de centros comunitarios con acceso a internet y subvenciones para familias en situación de vulnerabilidad.

La capacitación es otro componente clave para fomentar la igualdad en el uso de la tecnología. Tanto los docentes como las familias necesitan desarrollar competencias digitales que les permitan apoyar a los estudiantes en su proceso de aprendizaje. Esto incluye no solo habilidades técnicas, como el uso de plataformas educativas, sino también conocimientos sobre ciberseguridad, protección de datos y un uso ético de la tecnología.

Además, es fundamental abordar las desigualdades de género en el ámbito digital. Las niñas y mujeres, especialmente en comunidades desfavorecidas, enfrentan mayores barreras para acceder a la tecnología y participar en carreras relacionadas con STEM (Ciencia, Tecnología, Ingeniería y Matemáticas). Promover actividades que visibilicen modelos femeninos en estos campos, así como implementar políticas que garanticen el acceso igualitario a recursos tecnológicos, son pasos esenciales hacia la equidad.

6.4. Tecnologías para la enseñanza personalizada

La enseñanza personalizada es uno de los grandes retos y oportunidades del sistema educativo actual. En un contexto en el que la diversidad de estudiantes en un aula es cada vez mayor, las tecnologías digitales han demostrado ser aliadas clave para adaptar los procesos de aprendizaje a las necesidades, intereses y ritmos de cada persona. Este enfoque no solo mejora los resultados educativos, sino que también incrementa la motivación y el compromiso de los estudiantes, al ofrecerles un entorno que se siente relevante y significativo para ellos.

La enseñanza personalizada aprovecha herramientas tecnológicas que permiten identificar fortalezas y debilidades individuales, ajustando contenidos y estrategias en tiempo real. Las tecnologías más avanzadas en este ámbito no solo proporcionan acceso a información, sino que también analizan las interacciones de los estudiantes con los recursos y utilizan esos datos para mejorar su experiencia de aprendizaje. A continuación, se exploran las principales herramientas y metodologías asociadas a la enseñanza personalizada.

6.4.1. Plataformas adaptativas de aprendizaje

Una de las tecnologías más destacadas para la personalización son las **plataformas adaptativas de aprendizaje**, que utilizan algoritmos para ajustar automáticamente los contenidos a las necesidades de cada estudiante. Estas plataformas analizan continuamente las interacciones del usuario, incluyendo factores como el tiempo de respuesta, el número de errores, las áreas de mayor dificultad y el progreso general. Con base en estos datos, la plataforma selecciona actividades, ejercicios o recursos específicos que ayuden al estudiante a avanzar de manera más efectiva.

Por ejemplo, en un entorno de aprendizaje de matemáticas, si un estudiante tiene dificultades con las fracciones, la plataforma podría ofrecerle explicaciones adicionales, vídeos tutoriales o ejercicios más básicos antes de permitirle avanzar a conceptos más complejos. Este enfoque evita que los estudiantes se sientan abrumados o frustrados, al tiempo que permite que aquellos que avanzan más rápido no se aburran con contenido que ya dominan.

Además, estas plataformas pueden integrarse con sistemas de gestión del aprendizaje (LMS, por sus siglas en inglés), como Moodle, Blackboard o Google Classroom, facilitando que los docentes supervisen el progreso individual y grupal. Esto permite a los educadores identificar patrones, detectar problemas de manera temprana y ofrecer intervenciones específicas cuando sea necesario.

6.4.2. Inteligencia artificial y analítica de aprendizaje

La **inteligencia artificial (IA)** ha revolucionado el campo de la enseñanza personalizada al permitir la creación de sistemas de tutoría inteligente que interactúan con los estudiantes de manera similar a como lo haría un profesor particular. Estos sistemas pueden responder preguntas específicas, proporcionar retroalimentación inmediata y guiar al estudiante a través de tareas complejas. Además, la IA permite crear escenarios de aprendizaje dinámicos que se ajustan automáticamente a las respuestas y decisiones del estudiante.

Por otro lado, la **analítica de aprendizaje** (learning analytics) utiliza grandes volúmenes de datos (big data) para analizar el comportamiento y el desempeño de los estudiantes en diferentes contextos educativos. Los sistemas de analítica pueden identificar patrones que indiquen dificultades de aprendizaje, áreas de mejora o incluso detectar a estudiantes en riesgo de abandonar los estudios. Por ejemplo, un sistema podría alertar a un docente cuando un estudiante no completa sus actividades a tiempo o muestra un bajo nivel de interacción con los contenidos, permitiendo que el docente intervenga de manera oportuna.

La combinación de IA y analítica no solo beneficia a los estudiantes, sino que también empodera a los docentes, al proporcionarles herramientas basadas en datos que les ayudan a tomar decisiones pedagógicas más informadas. Esto transforma al docente en un facilitador del aprendizaje personalizado, capaz de ofrecer experiencias educativas altamente ajustadas a las características individuales de cada alumno.

6.4.3. Realidad virtual (RV) y realidad aumentada (RA)

La **realidad virtual (RV)** y la **realidad aumentada (RA)** son tecnologías emergentes que están redefiniendo cómo se lleva a cabo la enseñanza personalizada. Estas herramientas permiten crear experiencias inmersivas que facilitan el aprendizaje a través de la interacción directa con entornos simulados o mejorados digitalmente.

En el caso de la realidad virtual, los estudiantes pueden "viajar" a lugares o épocas históricas, explorar el cuerpo humano en detalle o practicar habilidades prácticas en entornos controlados. Por ejemplo, un estudiante interesado en la biología podría utilizar una aplicación de RV para explorar una célula desde el interior, observando sus componentes en tres dimensiones y comprendiendo mejor su funcionamiento.

Por otro lado, la realidad aumentada superpone información digital sobre el mundo real, permitiendo a los estudiantes interactuar con objetos físicos que están enriquecidos con datos adicionales. Por ejemplo, al enfocar la cámara de un dispositivo móvil sobre un modelo físico de un volcán, un estudiante podría ver una simulación de una erupción, acompañada de explicaciones interactivas.

Estas tecnologías no solo hacen el aprendizaje más atractivo, sino que también permiten ajustar los contenidos a diferentes niveles de complejidad según las necesidades del estudiante.

6.4.4. Gamificación y aprendizaje basado en proyectos

La **gamificación** y el **aprendizaje basado en proyectos (ABP)** son enfoques pedagógicos que pueden potenciar la enseñanza personalizada al involucrar a los estudiantes de manera activa y significativa.

La gamificación aplica elementos de los videojuegos, como puntos, niveles, medallas y desafíos, al proceso educativo. Estas dinámicas fomentan la motivación y el compromiso, al tiempo que ofrecen retroalimentación constante sobre el progreso del estudiante. Al combinar la gamificación con tecnologías adaptativas, se puede ajustar la dificultad de los desafíos según las habilidades de cada estudiante, creando una experiencia personalizada que equilibra el reto con el aprendizaje.

El aprendizaje basado en proyectos, por su parte, permite a los estudiantes trabajar en problemas reales o crear productos concretos, aplicando los conocimientos adquiridos en contextos prácticos. Este enfoque favorece la personalización porque los estudiantes pueden elegir proyectos que se alineen con sus intereses y habilidades, mientras desarrollan competencias clave como la colaboración, la creatividad y el pensamiento crítico. La tecnología puede facilitar el ABP al proporcionar herramientas de investigación, plataformas para la colaboración en línea y recursos multimedia que enriquecen el proceso.

6.4.5. Inclusión en la personalización

Es importante destacar que la personalización debe ser inclusiva. Esto significa que las herramientas y estrategias utilizadas deben diseñarse teniendo en cuenta las necesidades de estudiantes con discapacidades o dificultades de aprendizaje. Por ejemplo, las plataformas adaptativas deben ser accesibles para estudiantes con discapacidad visual, ofreciendo compatibilidad con lectores de pantalla. Asimismo, las simulaciones en RV deben incluir opciones de audiodescripción para garantizar que los estudiantes ciegos puedan participar plenamente.

La inclusión también implica garantizar que todos los estudiantes tengan acceso a las tecnologías necesarias para beneficiarse de la enseñanza personalizada. Esto puede requerir iniciativas como la provisión de dispositivos en préstamo, la mejora de la infraestructura de conectividad en zonas rurales o el desarrollo de software educativo de bajo costo.

Capítulo 7.

Ciudadanía digital y uso responsable de la tecnología

En la actualidad, la ciudadanía digital es un componente esencial para preparar a los estudiantes a desenvolverse en un mundo interconectado y digitalizado. Este concepto va más allá de enseñar habilidades técnicas para manejar dispositivos electrónicos; se centra en formar personas responsables, éticas y críticas en su uso de la tecnología. La ciudadanía digital implica un entendimiento profundo de cómo interactuar en línea, cómo protegerse y cómo contribuir de manera positiva a las comunidades digitales.

La educación en ciudadanía digital es crucial en un contexto donde internet y las redes sociales tienen una influencia directa sobre las relaciones personales, las oportunidades profesionales y la participación cívica. Más allá de las habilidades técnicas, se requiere una comprensión sólida de valores como la privacidad, la seguridad, la ética y el pensamiento crítico. A continuación, se desarrollan las áreas clave que conforman la ciudadanía digital y su relación con el uso responsable de la tecnología.

7.1. **Educación en valores digitales**

La educación en valores digitales es un pilar esencial de la ciudadanía digital. Con el aumento exponencial del uso de las tecnologías de la información y la comunicación (TIC), los usuarios están constantemente expuestos a desafíos relacionados con la privacidad, la seguridad y la gestión de su presencia en línea. Por lo tanto, es indispensable proporcionar a los estudiantes las herramientas necesarias para proteger su información personal, comprender el impacto de su huella digital y mantener prácticas de ciberseguridad sólidas.

7.1.1. Privacidad digital: un derecho y una necesidad

La privacidad digital se refiere a la capacidad de controlar cómo se recopila, utiliza y comparte nuestra información personal en línea. En la era de la recopilación masiva de datos, es esencial que los estudiantes comprendan la importancia de proteger su privacidad para evitar riesgos como el robo de identidad, el acoso digital o el uso indebido de información. Para lograrlo, deben aprender a:

- Configurar adecuadamente las opciones de privacidad en redes sociales y plataformas.
- Reconocer qué tipo de información es apropiada para compartir en línea y cuál debe mantenerse en privado.
- Leer los términos y condiciones de las aplicaciones y servicios para comprender cómo se utilizarán sus datos.

Además, es fundamental sensibilizar a los estudiantes sobre su derecho a la privacidad digital, que incluye conceptos como el derecho al olvido. Este derecho les permite solicitar la eliminación de datos personales de plataformas en línea, ofreciendo mayor control sobre su identidad digital.

7.1.2. Huella digital: el impacto de nuestras acciones en línea

La huella digital es el rastro que dejamos al interactuar en internet. Incluye todo lo que publicamos, comentamos o compartimos, así como la información que se recopila automáticamente a través de cookies y metadatos. La gestión de la huella digital es crucial, ya que puede tener un impacto duradero en la reputación personal y profesional de una persona. Por ejemplo, publicaciones inapropiadas o comentarios impulsivos pueden reaparecer años después y afectar negativamente oportunidades laborales o relaciones personales.

Para gestionar su huella digital de manera efectiva, los estudiantes deben ser conscientes de cómo sus acciones en línea afectan su imagen. Esto incluye aprender a:

- Reflexionar antes de publicar contenido en redes sociales o foros.
- Auditar regularmente su presencia en línea, eliminando información desactualizada o comprometedora.
- Utilizar internet para construir una identidad digital positiva que refleje sus logros, intereses y valores.

7.1.3. Ciberseguridad: proteger datos y dispositivos

La ciberseguridad es un aspecto esencial de la ciudadanía digital, ya que permite a los usuarios proteger su información personal y mantenerse seguros en línea. En un entorno donde las amenazas como el phishing, el malware y el robo de contraseñas son frecuentes, los estudiantes necesitan adquirir habilidades prácticas para protegerse. Estas habilidades incluyen:

- Crear contraseñas fuertes y únicas, y cambiarlas regularmente.
- Reconocer intentos de phishing, como correos electrónicos o mensajes que buscan engañar a los usuarios para que revelen información confidencial.

- Mantener sus dispositivos y software actualizados, asegurándose de instalar las últimas versiones de seguridad.

También es importante enseñarles a utilizar herramientas de protección como gestores de contraseñas, antivirus y redes privadas virtuales (VPN) para mejorar su seguridad en línea.

7.2. Identificación y prevención del ciberacoso

El ciberacoso es un problema cada vez más común en la era digital, con efectos devastadores para las víctimas. A diferencia del acoso tradicional, el ciberacoso puede ocurrir en cualquier momento y lugar, y su impacto se amplifica debido a la capacidad de las tecnologías para difundir rápidamente contenido ofensivo o dañino. Por ello, es fundamental que las escuelas y las familias trabajen juntas para identificar y prevenir este fenómeno, promoviendo una cultura de respeto y empatía en línea.

7.2.1. Reconocer el ciberacoso: un paso crucial

El primer paso para abordar el ciberacoso es entender sus formas y características. Esto incluye:

- Mensajes ofensivos o amenazantes: Comentarios hirientes enviados a través de redes sociales, mensajes de texto o correos electrónicos.

- Difusión de información personal: Compartir fotos, vídeos o datos privados de alguien sin su consentimiento, con la intención de humillarlo o dañarlo.
- Exclusión intencionada: Dejar fuera a alguien de grupos en línea o actividades digitales, como chats grupales o juegos en línea.
- Suplantación de identidad: Crear perfiles falsos para acosar o burlarse de una persona.

Los estudiantes también deben aprender que el ciberacoso no siempre es intencional. Comentarios que parecen inofensivos para el emisor pueden percibirse como dañinos por la víctima. Fomentar la empatía y la autorreflexión es clave para reducir este tipo de comportamiento.

7.2.2. Estrategias para prevenir el ciberacoso

La prevención del ciberacoso requiere un enfoque integral que involucre tanto a las instituciones educativas como a las familias y los propios estudiantes. Entre las estrategias más efectivas se encuentran:

1. Programas educativos sobre ciberacoso: Talleres y actividades que sensibilicen a los estudiantes sobre el impacto emocional y psicológico del ciberacoso, ayudándoles a identificarlo y evitarlo.

2. Fomentar el rol de espectador activo: Enseñar a los estudiantes a intervenir de manera positiva cuando presencien actos de ciberacoso, ya sea apoyando a la víctima, denunciando el comportamiento o informando a un adulto.

3. Proporcionar herramientas de defensa: Los estudiantes deben saber cómo bloquear cuentas ofensivas,

denunciar contenido inapropiado y guardar pruebas (como capturas de pantalla) para resolver problemas.

Además, es fundamental que los centros educativos establezcan políticas claras contra el ciberacoso, creando un entorno seguro donde las víctimas se sientan protegidas y los acosadores enfrenten consecuencias adecuadas.

7.3. Uso ético de la tecnología

El uso ético de la tecnología es una parte esencial de la ciudadanía digital, ya que fomenta el respeto por el trabajo intelectual de los demás y promueve prácticas responsables en la creación y el consumo de contenido digital. En un entorno donde la información está al alcance de un clic, es crucial enseñar a los estudiantes a actuar con integridad y a respetar los derechos de autor.

7.3.1. Plagio: una práctica a evitar

El plagio, que consiste en copiar ideas, textos o contenidos sin dar crédito al autor original, es un problema común en el ámbito educativo. Muchas veces, los estudiantes no comprenden plenamente qué constituye plagio ni por qué es problemático. Para prevenirlo, es necesario enseñarles a:

- Reconocer el plagio: Entender que copiar y pegar contenido de internet sin citar la fuente es una violación ética y, en algunos casos, legal.
- Evitar el plagio: Utilizar citas y referencias adecuadas, parafrasear correctamente y consultar recursos confiables.

- Entender sus consecuencias: El plagio no solo afecta a los autores originales, sino que también limita el aprendizaje y puede tener repercusiones académicas y profesionales.

7.3.2 **Copyright y derechos de autor: respetar la propiedad intelectual**

El respeto por los derechos de autor es un aspecto fundamental del uso ético de la tecnología. Los estudiantes deben comprender que no todo el contenido disponible en línea es de uso libre y que existen normas que protegen la propiedad intelectual. Esto incluye aprender a:

- Utilizar contenido con licencias abiertas, como Creative Commons, que permiten el uso y la modificación de materiales bajo ciertas condiciones.
- Crear contenido original, asegurándose de no infringir los derechos de autor de otros.
- Respetar las restricciones legales, evitando descargar o compartir material protegido sin autorización.

Fomentar una comprensión clara de estos conceptos no solo promueve la ética, sino que también empodera a los estudiantes para contribuir de manera creativa y responsable en el entorno digital.

7.4. **Promoción del pensamiento crítico en el uso de internet**

En un mundo donde la información es abundante pero no siempre confiable, el pensamiento crítico es una habilidad esencial para navegar por internet de manera efectiva. Los estudiantes deben aprender a evaluar la calidad, la veracidad y la relevancia de la información que encuentran en línea, así como a tomar decisiones informadas sobre qué contenido consumir, compartir o crear.

7.4.1. Evaluación de fuentes: separar lo confiable de lo dudoso

Una de las habilidades más importantes en el pensamiento crítico es la capacidad de identificar fuentes confiables. Esto implica:

- Analizar la autoría y el propósito del contenido.
- Verificar si la información está respaldada por evidencia o por otras fuentes reconocidas.
- Reconocer posibles sesgos en el contenido y considerar perspectivas alternativas.

7.4.2. Reconocimiento de noticias falsas y desinformación

Las fake news y la desinformación son problemas generalizados que pueden influir negativamente en las opiniones y decisiones de las personas. Los estudiantes deben aprender a identificar indicadores de noticias falsas, como:

- Títulos sensacionalistas o alarmistas.
- Falta de autoría clara o citas verificables.
- Errores evidentes en el contenido o en la gramática.

Además, es importante enseñarles a utilizar herramientas de verificación, como sitios web de fact-checking, y a buscar corroboración en fuentes confiables antes de compartir información.

7.4.3. Reflexión crítica antes de compartir contenido

El pensamiento crítico no solo implica consumir información de manera responsable, sino también compartirla con criterio. Los estudiantes deben reflexionar sobre el impacto de sus publicaciones, considerando si son verdaderas, relevantes y respetuosas. Esta práctica no solo protege su reputación en línea, sino que también contribuye a combatir la propagación de desinformación.

Capítulo 8.

Innovación educativa y nuevas tendencias digitales

La educación ha experimentado una transformación significativa en las últimas décadas gracias a la integración de las tecnologías digitales. Estas herramientas no solo han cambiado la manera en que los estudiantes acceden al conocimiento, sino también las metodologías empleadas en el aula. La innovación educativa, fundamentada en nuevas tendencias digitales, se ha convertido en un motor clave para mejorar los procesos de enseñanza y aprendizaje, promoviendo un aprendizaje más dinámico, personalizado y adaptado a las necesidades del siglo XXI.

A continuación, se analizan cuatro tendencias destacadas en innovación educativa: la gamificación, la realidad aumentada y virtual, la inteligencia artificial y el aprendizaje basado en programación y robótica. Estas herramientas y metodologías no solo motivan a los estudiantes, sino que también les preparan para afrontar los desafíos del futuro.

8.1. Gamificación en el aula

La gamificación es una metodología que aplica elementos de los videojuegos, como puntuaciones, niveles, recompensas y desafíos, al proceso de aprendizaje. Su objetivo es transformar tareas educativas en actividades motivadoras y participativas, fomentando la implicación de los estudiantes y mejorando su rendimiento. A través de la gamificación, los educadores pueden convertir el aprendizaje en una experiencia interactiva, entretenida y efectiva.

8.1.1. Beneficios de la gamificación en el aula

La gamificación ofrece múltiples ventajas tanto para estudiantes como para docentes:

1. **Aumenta la motivación**: Los elementos lúdicos hacen que los estudiantes se sientan más interesados y comprometidos con las actividades.
2. **Fomenta la colaboración**: Las dinámicas grupales en juegos educativos refuerzan habilidades sociales y el trabajo en equipo.
3. **Estimula el aprendizaje activo**: Los estudiantes asumen un papel más activo en su proceso de aprendizaje, resolviendo problemas y alcanzando metas específicas.
4. **Proporciona retroalimentación inmediata**: Las mecánicas de los juegos permiten a los estudiantes recibir información instantánea sobre su progreso, lo que les ayuda a identificar áreas de mejora.

8.1.2. Herramientas de gamificación

Existen numerosas herramientas digitales diseñadas para incorporar la gamificación en el aula:

- **Kahoot!**: Una plataforma que permite a los docentes crear cuestionarios interactivos, competiciones y actividades grupales en tiempo real.
- **ClassDojo**: Una herramienta para gestionar el comportamiento en el aula mediante puntos y recompensas, promoviendo actitudes positivas.
- **Minecraft: Education Edition**: Este popular videojuego se ha adaptado al contexto educativo, permitiendo a los estudiantes explorar conceptos de ma-

temáticas, historia y ciencias en un entorno virtual interactivo.

- **Quizizz**: Similar a Kahoot!, ofrece cuestionarios gamificados que los estudiantes pueden realizar a su propio ritmo, integrando diversión y aprendizaje.

8.1.3. Estrategias de gamificación

Para implementar con éxito la gamificación en el aula, los docentes pueden seguir estas estrategias:

1. **Establecer metas claras:** Diseñar objetivos específicos para que los estudiantes comprendan qué se espera de ellos.

2. **Crear niveles y desafíos:** Dividir las tareas en etapas progresivas que aumenten en dificultad, motivando a los estudiantes a avanzar.

3. **Incluir recompensas:** Utilizar medallas, puntos o insignias para reconocer el esfuerzo y el logro de los estudiantes.

4. **Fomentar la competencia amistosa:** Organizar actividades en las que los estudiantes compitan de manera saludable, fortaleciendo su sentido de logro y superación personal.

La gamificación, cuando se implementa de manera efectiva, puede transformar el aula en un espacio más dinámico, inclusivo y centrado en el estudiante, mejorando tanto el aprendizaje como la motivación.

8.2. Realidad aumentada y realidad virtual: aplicaciones en educación

La realidad aumentada (RA) y la realidad virtual (RV) son tecnologías emergentes que han comenzado a revolucionar la educación. Estas herramientas permiten a los estudiantes interactuar con contenidos tridimensionales y simulaciones inmersivas, creando experiencias de aprendizaje únicas y enriquecedoras.

8.2.1. Diferencias entre realidad aumentada y realidad virtual

- **Realidad aumentada**: Superpone elementos digitales (imágenes, texto, animaciones) sobre el mundo real a través de dispositivos como teléfonos móviles o tablets. Por ejemplo, una aplicación de RA puede mostrar cómo funciona el sistema solar al enfocar una cámara sobre un libro.

- **Realidad virtual**: Transporta al usuario a un entorno completamente digital e inmersivo mediante dispositivos como gafas VR. En este entorno, los estudiantes pueden explorar lugares históricos, experimentar simulaciones científicas o realizar actividades prácticas en un entorno seguro.

8.2.2. Aplicaciones de la RA y RV en educación

Estas tecnologías tienen un amplio rango de aplicaciones educativas:

1. **Ciencias:** Simulaciones de experimentos químicos en entornos virtuales, observación del cuerpo humano en 3D o exploración de fenómenos naturales como erupciones volcánicas.
2. **Historia y geografía:** Los estudiantes pueden "viajar" a civilizaciones antiguas o explorar mapas interactivos en 3D.
3. **Arte y diseño:** Crear y manipular obras en espacios tridimensionales.
4. **Idiomas:** Practicar vocabulario y gramática en entornos interactivos diseñados para estimular el aprendizaje inmersivo.

8.2.3. Ventajas de la RA y RV

- **Aprendizaje experiencial:** Los estudiantes aprenden haciendo, lo que mejora la retención del conocimiento.
- **Motivación:** La naturaleza interactiva e inmersiva de estas tecnologías capta la atención y el interés de los estudiantes.
- **Acceso a experiencias inaccesibles:** Los estudiantes pueden realizar prácticas que serían imposibles en un aula tradicional, como visitar Marte o observar un corazón latiendo en tiempo real.

8.2.4. Limitaciones y retos

Aunque prometedoras, estas tecnologías enfrentan desafíos como:

- **Costo**: Los dispositivos de RV, en particular, pueden ser caros, lo que dificulta su implementación en algunas instituciones.
- **Formación docente**: Los profesores necesitan capacitación para integrar eficazmente estas tecnologías en sus lecciones.

Con el tiempo, la democratización de estas tecnologías y el desarrollo de aplicaciones educativas más asequibles ampliarán su impacto en la educación.

8.3. Inteligencia artificial en el aula

La inteligencia artificial (IA) ha revolucionado numerosos campos, y la educación no es la excepción. En el aula, la IA ofrece oportunidades sin precedentes para personalizar el aprendizaje, optimizar el tiempo del docente y mejorar los resultados educativos. Desde herramientas como ChatGPT, que actúan como asistentes virtuales, hasta sistemas avanzados de predicción y análisis, la IA está transformando la forma en que estudiantes y profesores interactúan con el conocimiento.

8.3.1 ChatGPT y asistentes virtuales en el aula

ChatGPT y otros modelos de lenguaje basados en IA han demostrado ser herramientas versátiles para apoyar tanto a estudiantes como a docentes. Sus aplicaciones van más allá de responder preguntas simples, ofreciendo una amplia gama de posibilidades educativas.

- **Tutoría personalizada:** ChatGPT puede actuar como un tutor disponible las 24 horas, brindando explicaciones detalladas, aclarando dudas y proporcionando ejemplos adicionales para reforzar conceptos. Esto resulta especialmente útil en asignaturas como matemáticas o ciencias, donde los estudiantes pueden necesitar apoyo continuo.

- **Desarrollo de habilidades de escritura:** Los estudiantes pueden utilizar herramientas como ChatGPT para mejorar su redacción, recibir sugerencias para estructurar ensayos y corregir errores gramaticales. Además, pueden generar ideas iniciales para proyectos o realizar brainstorming asistido.

- **Apoyo a docentes:** ChatGPT también es una herramienta valiosa para los profesores, ayudándoles a diseñar actividades, redactar cuestionarios o crear guías didácticas. Al automatizar estas tareas, los docentes pueden dedicar más tiempo a la interacción directa con los estudiantes.

Ejemplo práctico: Un estudiante de historia podría pedir a ChatGPT que le explique las causas de la Revolución Francesa con un enfoque específico, como las desigualdades sociales. El modelo puede generar un resumen detallado adaptado al nivel del estudiante, lo que facilita el aprendizaje autónomo.

8.3.2. Herramientas de predicción y análisis basadas en IA

La analítica de aprendizaje (Learning Analytics) es una aplicación avanzada de la IA que recopila y analiza datos sobre las interacciones de los estudiantes con los recursos educativos. Estas herramientas no solo monitorean el progreso del aprendizaje, sino que también identifican patrones y generan predicciones útiles para la toma de decisiones pedagógicas.

1. Personalización del aprendizaje:
   - Los sistemas de IA pueden adaptar los contenidos y actividades según las necesidades específicas de cada estudiante. Por ejemplo, si un estudiante tiene dificultades con un concepto matemático, el sistema puede sugerir ejercicios adicionales o recursos interactivos.
   - Plataformas como DreamBox o Khan Academy utilizan algoritmos para ajustar automáticamente el nivel de dificultad de las actividades, asegurando que cada estudiante avance a su propio ritmo.

2. Intervenciones tempranas:
   - Las herramientas de IA pueden identificar estudiantes en riesgo de abandono o fracaso académico analizando factores como el tiempo dedicado a las tareas, las tasas de finalización y los resultados en evaluaciones. Los docentes reciben alertas, lo que les permite intervenir de manera temprana y brindar apoyo personalizado.
   - Por ejemplo, un sistema de tutoría basado en IA podría detectar que un estudiante no ha iniciado ciertas actividades clave y enviarle recordatorios automatizados o sugerir estrategias para mejorar su desempeño.

3. Predicción del éxito académico:
   - Mediante el análisis de datos históricos, la IA puede predecir cómo es probable que un estudiante se desempeñe en una materia o evaluación. Esto ayuda a los docentes a ajustar sus métodos de enseñanza y a los estudiantes a identificar áreas de mejora.

4. Retroalimentación inmediata:
   - Los sistemas basados en IA ofrecen comentarios detallados sobre las tareas realizadas, lo que permite a los estudiantes corregir errores y mejorar su comprensión de manera inmediata. Este enfoque es especialmente útil en actividades de programación, escritura o resolución de problemas.

8.3.3. Ventajas y desafíos de la IA en la educación

Ventajas

- **Eficiencia:** La IA automatiza tareas repetitivas como la calificación de exámenes o la generación de informes, liberando tiempo para actividades más significativas.
- **Accesibilidad:** Los estudiantes pueden aprender a su propio ritmo y en cualquier momento, gracias a las plataformas y asistentes virtuales.
- **Inclusión:** La IA puede adaptarse a estudiantes con diferentes capacidades, proporcionando recursos accesibles como transcripciones automáticas o traducción de texto a voz.

Desafíos

- **Privacidad:** La recopilación y análisis de datos plantea preocupaciones sobre la protección de la información personal de los estudiantes.
- **Desigualdades tecnológicas:** El acceso a herramientas avanzadas de IA puede estar limitado por factores económicos o de infraestructura.
- **Dependencia excesiva:** Es importante equilibrar el uso de IA con métodos tradicionales para evitar que los estudiantes se vuelvan demasiado dependientes de estas tecnologías.

La inteligencia artificial, si se implementa de manera ética y equitativa, tiene el potencial de revolucionar la educación, ofreciendo oportunidades únicas para personalizar el aprendizaje y mejorar los resultados académicos.

8.4. Programación y robótica como competencias del futuro

La programación y la robótica han pasado de ser disciplinas técnicas a convertirse en competencias esenciales para el siglo XXI. En un mundo impulsado por la tecnología, estas habilidades no solo preparan a los estudiantes para carreras específicas, sino que también desarrollan habilidades transversales como la resolución de problemas, el pensamiento crítico y la creatividad. La incorporación de estas áreas en el currículo educativo es fundamental para garantizar que los estudiantes estén preparados para enfrentar los retos de una economía global basada en la innovación y la automatización.

8.4.1. La programación como base del pensamiento computacional

La programación no solo enseña a escribir código, sino que fomenta el pensamiento computacional, una habilidad clave que permite abordar problemas complejos de manera estructurada. El pensamiento computacional incluye:

- **Descomposición:** Dividir problemas grandes en partes más manejables.
- **Reconocimiento de patrones:** Identificar similitudes y regularidades que faciliten la solución de problemas.
- **Algoritmos:** Diseñar pasos claros y precisos para resolver un problema.

Herramientas como Scratch, Python y Blockly hacen que el aprendizaje de la programación sea accesible y atractivo para estudiantes de todas las edades. Estas plataformas utilizan interfaces intuitivas que permiten a los principiantes aprender los conceptos básicos mientras desarrollan proyectos creativos.

8.4.2. Programación en el aula

La enseñanza de programación puede integrarse en diferentes niveles educativos:

- **Primaria:** Introducción al pensamiento lógico a través de actividades visuales y juegos, como Scratch o Code.org.
- **Secundaria:** Desarrollo de habilidades más avanzadas, como la programación en lenguajes populares (Python, JavaScript) y la creación de aplicaciones básicas.

- **Educación superior:** Formación especializada en áreas como desarrollo de software, inteligencia artificial y ciberseguridad.

8.4.3. La robótica como puente entre teoría y práctica

La robótica combina la programación con la ingeniería, permitiendo a los estudiantes construir y programar dispositivos físicos que interactúan con el mundo real. Esta disciplina fomenta el aprendizaje basado en proyectos, donde los estudiantes aplican conceptos teóricos a problemas prácticos.

Beneficios educativos de la robótica

1. **Aprendizaje práctico:** Los estudiantes pueden experimentar directamente con conceptos abstractos, como sensores, motores y circuitos.
2. **Trabajo en equipo:** La robótica fomenta la colaboración, ya que los proyectos suelen requerir múltiples habilidades y enfoques.
3. **Desarrollo de habilidades interdisciplinares:** Combina conocimientos de matemáticas, ciencias, ingeniería y diseño.

Herramientas y plataformas de robótica educativa

- **LEGO Mindstorms:** Permite a los estudiantes construir y programar robots utilizando una interfaz intuitiva.

- **Arduino:** Una plataforma de código abierto que enseña electrónica y programación mediante la creación de prototipos.
- **VEX Robotics:** Diseñada para competiciones escolares, esta plataforma combina Hardware y software avanzados.

8.4.4. Programación y robótica como preparación para el futuro laboral

El mercado laboral está evolucionando rápidamente debido a la automatización y la inteligencia artificial. En este contexto, la programación y la robótica no son solo habilidades técnicas, sino competencias que capacitan a los estudiantes para:

- Adaptarse a nuevos entornos tecnológicos.
- Resolver problemas complejos de manera creativa.
- Participar activamente en el desarrollo de soluciones innovadoras.

Según informes de organizaciones como el Foro Económico Mundial, las habilidades relacionadas con la programación, la robótica y la inteligencia artificial estarán entre las más demandadas en las próximas décadas. Incorporar estas áreas en la educación no solo prepara a los estudiantes para carreras tecnológicas, sino que también los capacita para ser ciudadanos activos en una sociedad impulsada por la tecnología.

Capítulo 9.

Estrategias para el desarrollo profesional continuo

El desarrollo profesional continuo es una necesidad esencial en un mundo en constante evolución tecnológica. Para los educadores y profesionales, mantenerse actualizados no solo significa adaptarse a las nuevas herramientas y metodologías, sino también fortalecer competencias y habilidades que les permitan responder a los desafíos y demandas de sus campos laborales. Este desarrollo no es un evento único, sino un proceso que involucra aprendizaje continuo, reflexión y participación activa en comunidades profesionales.

A continuación, se presentan estrategias clave para impulsar el desarrollo profesional continuo, enfatizando la autoevaluación de competencias digitales, la formación permanente, las redes profesionales y el uso de la tecnología en proyectos interdisciplinarios.

9.1. Autoevaluación de competencias digitales

La autoevaluación de competencias digitales es un proceso introspectivo y crítico que permite a los profesionales medir su nivel de habilidad en el uso de tecnologías digitales y entender cómo estas herramientas pueden ser aplicadas de manera efectiva en su entorno laboral o educativo. En un mundo en el que las TIC (tecnologías de la información y la comunicación) son omnipresentes, realizar este tipo de evaluación se convierte en un paso imprescindible para diseñar un plan de desarrollo profesional adaptado a las necesidades y demandas del entorno actual.

9.1.1. La importancia de la autoevaluación

Cuando los profesionales se detienen a reflexionar sobre su relación con la tecnología, suelen surgir preguntas fundamentales: ¿Estoy utilizando las herramientas digitales de manera eficiente? ¿Soy capaz de adaptarme a los constantes cambios tecnológicos? Estas preguntas no solo guían el aprendizaje, sino que también sirven como punto de partida para identificar debilidades que podrían obstaculizar el desarrollo profesional.

Por ejemplo, un docente que se enfrenta a un aula híbrida —donde combina enseñanza presencial con recursos en línea— puede descubrir, al realizar una autoevaluación, que tiene dificultades para integrar plataformas de aprendizaje colaborativo como Google Classroom o Microsoft Teams. Esta toma de conciencia le permite buscar formación específica para superar esos retos y aprovechar al máximo las oportunidades que ofrecen estas herramientas.

9.1.2. Métodos y herramientas para la autoevaluación

La autoevaluación no siempre requiere herramientas sofisticadas, aunque estas pueden ser de gran ayuda. En ocasiones, una lista de preguntas bien estructurada es suficiente para explorar aspectos clave. Sin embargo, plataformas digitales como **DigCompEdu Check-In** y **SELFIE** proporcionan cuestionarios más detallados que generan informes personalizados con recomendaciones prácticas. Estas herramientas no solo miden habilidades técnicas, sino que también evalúan competencias transversales como la colaboración, la creatividad y la seguridad en línea.

Además, muchas organizaciones educativas y profesionales han comenzado a incorporar sistemas de evaluación continua, que permiten a los usuarios medir su progreso a lo largo del tiempo. Por ejemplo, un docente que se evalúa al inicio y al final de un curso sobre diseño de contenido multimedia puede observar mejoras concretas, lo que refuerza su motivación para continuar aprendiendo.

9.1.3. Narrativas de cambio a través de la autoevaluación

La historia de Marta, una profesora de matemáticas, ilustra el impacto transformador de la autoevaluación. Durante años, Marta creyó que sus habilidades digitales eran adecuadas para sus clases tradicionales. Sin embargo, al completar una evaluación en línea, se dio cuenta de que su conocimiento en herramientas interactivas era limitado. Esto la llevó a inscribirse en un curso de formación sobre plataformas digitales de evaluación formativa, lo que no solo mejoró su desempeño, sino que también incrementó la participación y el entusiasmo de sus estudiantes.

Esta narrativa refleja cómo la autoevaluación no es simplemente un ejercicio de diagnóstico, sino una herramienta de empoderamiento que puede generar cambios significativos en la práctica profesional.

9.2. Formación permanente

En un mundo donde la tecnología y el conocimiento evolucionan a un ritmo vertiginoso, la formación permanente ya no es una opción, sino una necesidad. La posibilidad de aprender en cualquier momento y desde cualquier lugar ha revolucionado la forma en que los profesionales acceden al conocimiento. MOOCs, webinars y cursos en línea son ahora herramientas clave para quienes buscan mantenerse actualizados y competitivos en su campo.

9.2.1. Los MOOCs como democratizadores del conocimiento

Los Cursos Masivos Abiertos en Línea (MOOCs, por sus siglas en inglés) han transformado el acceso a la educación de calidad. Antes, aprender de instituciones como Harvard, Stanford o el MIT era un privilegio limitado a unos pocos. Hoy, plataformas como **Coursera**, **edX** y **FutureLearn** permiten a cualquier persona, en cualquier parte del mundo, acceder a cursos diseñados por estas universidades de renombre.

Imaginemos a Luis, un ingeniero que trabaja en una empresa de energías renovables. Al querer especializarse en inteligencia artificial aplicada a la sostenibilidad, Luis encuentra en Coursera un curso del MIT que aborda exactamente este tema. Aunque trabaja a tiempo completo, puede organizar su aprendizaje en función de su horario, completando módulos los fines de semana y aplicando inmediatamente lo aprendido en su lugar de trabajo.

`9.2.2.` Webinars: aprendizaje interactivo y en tiempo real

Los webinars han ganado popularidad como espacios virtuales de aprendizaje donde los participantes pueden interactuar directamente con expertos. A diferencia de los MOOCs, que suelen ser más estructurados y asincrónicos, los webinars ofrecen la posibilidad de resolver dudas en tiempo real, participar en discusiones y formar conexiones con otros asistentes.

Por ejemplo, Ana, una psicóloga educativa, asiste regularmente a webinars organizados por asociaciones internacionales de psicología. En uno de estos eventos, aprende sobre nuevas metodologías para abordar la ansiedad estudiantil en entornos híbridos. Lo que más aprecia de estos encuentros es la posibilidad de intercambiar ideas con colegas de diferentes países, enriqueciendo su práctica profesional.

`9.2.3.` Cursos personalizados: la nueva frontera del aprendizaje online

Además de los MOOCs y webinars, plataformas como **LinkedIn Learning** y **Udemy** han apostado por cursos altamente especializados y prácticos. Estas plataformas ofrecen formación en áreas específicas, como liderazgo, diseño gráfico o análisis de datos, adaptándose a las necesidades de los usuarios.

La narrativa de Diego, un diseñador gráfico que busca expandir sus habilidades al ámbito del diseño UX, ejemplifica el impacto de esta formación. Tras completar un curso en LinkedIn Learning sobre diseño centrado en el usuario, Diego logra liderar un proyecto en su empresa que mejora significativamente la experiencia de sus clientes. Este éxito no solo aumenta su confianza, sino que también le abre nuevas oportunidades laborales.

9.2.4. Desafíos de la formación online y cómo superarlos

Aunque la formación online ofrece innumerables ventajas, no está exenta de desafíos. La gestión del tiempo, la falta de interacción presencial y la saturación de información pueden dificultar el aprendizaje. Sin embargo, establecer un horario fijo para el estudio, participar activamente en foros y elegir cursos con evaluaciones prácticas son estrategias efectivas para maximizar los beneficios.

9.3. Redes profesionales y comunidades de aprendizaje (PLNs)

Las redes profesionales y las comunidades de aprendizaje han cambiado la forma en que los profesionales se conectan y colaboran. Más allá del desarrollo individual, estas redes fomentan una cultura de aprendizaje colectivo que enriquece tanto a los participantes como a sus respectivos campos.

`9.3.1.` El poder de las redes profesionales

Las plataformas de redes profesionales, como **LinkedIn**, han revolucionado la forma en que los profesionales construyen relaciones. No se trata solo de buscar empleo, sino de participar activamente en debates, compartir contenido relevante y establecer contactos significativos. Estas interacciones enriquecen la experiencia profesional y abren puertas a nuevas oportunidades.

Por ejemplo, Laura, una enfermera especializada en cuidados intensivos, utiliza LinkedIn para seguir a líderes de opinión en su campo. A través de estas conexiones, descubre un programa de formación en Canadá que combina la inteligencia artificial con la medicina, lo que transforma su visión sobre el futuro de la atención sanitaria.

`9.3.2.` Comunidades de aprendizaje profesional (PLNs)

Las PLNs (Redes Personales de Aprendizaje) son espacios donde los profesionales comparten recursos, ideas y apoyo mutuo. Estas redes pueden ser formales o informales, presenciales o virtuales, y abarcan una amplia gama de temas. Desde grupos en **Twitter** centrados en la innovación educativa hasta foros especializados como **Reddit**, las PLNs permiten a los profesionales aprender de la experiencia colectiva.

Un ejemplo concreto es Pedro, un profesor de ciencias que utiliza un grupo de Facebook para intercambiar estrategias pedagógicas con otros docentes. A través de este grupo, Pedro aprende a utilizar simuladores de laboratorio virtual, mejorando la experiencia de sus estudiantes.

Cómo construir y mantener una PLN efectiva

- **Participar activamente**: Contribuir con ideas y experiencias propias fortalece la red y genera reciprocidad.
- **Buscar diversidad**: Incorporar perspectivas de diferentes disciplinas enriquece el aprendizaje.
- **Establecer relaciones auténticas**: Mostrar interés genuino en las contribuciones de los demás fomenta conexiones significativas.

9.4. Incorporación de la tecnología en proyectos interdisciplinarios

La tecnología no solo es una herramienta, sino un catalizador para la innovación en proyectos interdisciplinarios. Al combinar disciplinas, los profesionales pueden abordar problemas complejos con enfoques integrales y soluciones creativas.

9.4.1. El valor de los proyectos interdisciplinarios

Imaginemos un proyecto en el que estudiantes de biología, diseño gráfico e informática colaboran para crear una aplicación educativa que explique el impacto del cambio climático. Este tipo de proyectos no solo enseña habilidades técnicas, sino también competencias como el trabajo en equipo, la comunicación efectiva y el pensamiento crítico.

9.4.2. Tecnologías clave para la interdisciplinariedad

- **Plataformas colaborativas:** Herramientas como **Trello, Slack** y **Miro** facilitan la coordinación de tareas y el intercambio de ideas.

- **Simulaciones y visualización de datos:** Software como **Tableau** permite representar gráficamente información compleja, haciendo más comprensibles los resultados.

- **Realidad virtual y aumentada:** Estas tecnologías permiten explorar conceptos abstractos de forma interactiva, como en proyectos de arquitectura o ciencias naturales.

9.4.3. Estrategias para integrar la tecnología en proyectos interdisciplinarios

- **Definir roles claros:** Establecer responsabilidades específicas para cada miembro del equipo asegura una colaboración efectiva.

- **Seleccionar herramientas accesibles:** Elegir tecnologías que todos los participantes puedan dominar evita barreras técnicas.

- **Fomentar la reflexión:** Al final del proyecto, evaluar cómo la tecnología contribuyó al éxito del mismo y qué podría mejorarse.

Capítulo 10.

Conclusiones
y proyecciones futuras

El siglo XXI ha traído consigo transformaciones profundas en la educación, impulsadas en gran parte por el avance tecnológico. Las competencias digitales han dejado de ser un elemento complementario para convertirse en el eje de los sistemas educativos modernos. La integración de estas habilidades no solo responde a las demandas del mercado laboral y la sociedad, sino que también redefine el rol del docente, la forma en que los estudiantes aprenden y el propósito mismo de la educación.

En este capítulo, se abordan tres aspectos fundamentales: una reflexión sobre la integración de competencias digitales en la educación, los retos y oportunidades que enfrentan los docentes en la era digital, y un plan de acción personal para el desarrollo de competencias digitales.

10.1. Reflexión sobre la integración de competencias digitales en la educación

La inclusión de competencias digitales en la educación no es simplemente una tendencia; es una necesidad que responde a las características de la sociedad actual. Desde la alfabetización digital hasta la capacidad de evaluar críticamente la información en línea, estas competencias son esenciales para preparar a los estudiantes para los desafíos del mundo contemporáneo.

10.1.1. Transformación del aula y el aprendizaje

La integración de las tecnologías digitales ha cambiado radicalmente el aula tradicional. Los estudiantes ya no son receptores pasivos de información; se espera que sean participantes activos, capaces de buscar, analizar y aplicar el conocimiento de forma autónoma. Las herramientas digitales han facilitado este cambio al proporcionar acceso a vastos recursos educativos, fomentar el aprendizaje colaborativo y personalizar los procesos educativos.

Por ejemplo, plataformas como Google Classroom permiten a los docentes diseñar itinerarios de aprendizaje adaptados al ritmo y nivel de cada estudiante. Esto representa un cambio paradigmático, ya que el aprendizaje ya no está restringido por el tiempo o el espacio físico. Un estudiante puede repasar conceptos en casa, colaborar en proyectos con compañeros de diferentes países o acceder a recursos en múltiples formatos.

10.1.2. Impacto en el docente como facilitador del aprendizaje

El rol del docente también ha evolucionado. Ya no es solo el transmisor de conocimientos, sino un facilitador y guía que ayuda a los estudiantes a navegar en un mundo digital complejo. Esto implica no solo dominar herramientas tecnológicas, sino también enseñar valores como la ética digital, la privacidad y la ciudadanía responsable.

Sin embargo, este proceso de integración no está exento de desafíos. La brecha digital persiste en muchas comunidades, lo que limita el acceso equitativo a estas oportunidades. Además, la formación docente en competencias digitales todavía no está completamente implementada en muchos sistemas educativos, dejando a los profesores con la carga de aprender por su cuenta.

10.2. Retos y oportunidades para los profesores en la era digital

La era digital ha traído consigo un panorama de desafíos y posibilidades para los docentes. Estos retos y oportunidades son el reflejo de un entorno educativo que cambia rápidamente, exigiendo una adaptación constante por parte de los profesionales.

Retos para los docentes

1. **Brecha de habilidades digitales:** Aunque las tecnologías digitales están ampliamente disponibles, no todos los docentes poseen el nivel de competencia necesario para utilizarlas de manera efectiva. Esto puede generar inseguridad y resistencia al cambio.

2. **Sobrecarga de trabajo:** La incorporación de herramientas tecnológicas suele requerir tiempo adicional para aprender a usarlas, diseñar actividades y resolver problemas técnicos, lo que puede aumentar la carga laboral de los docentes.

3. **Gestión de la privacidad y la seguridad:** Proteger los datos de los estudiantes y garantizar un uso seguro de las herramientas digitales es una responsabilidad compleja que muchos docentes deben asumir sin una formación específica.

4. **Motivación de los estudiantes:** En un mundo lleno de distracciones digitales, captar y mantener la atención de los estudiantes puede ser un desafío mayor.

Oportunidades en la era digital

A pesar de estos retos, la tecnología también ofrece innumerables oportunidades para enriquecer la enseñanza:

1. **Personalización del aprendizaje:** Herramientas como las plataformas adaptativas permiten a los docentes ajustar las actividades al ritmo y estilo de aprendizaje de cada estudiante.

2. **Acceso a recursos globales:** Internet ofrece acceso a contenidos educativos de todo el mundo, desde recursos multimedia hasta investigaciones científicas.

3. **Colaboración internacional:** Los proyectos colaborativos en línea permiten a los estudiantes y docentes trabajar con personas de diferentes culturas y contextos, ampliando sus horizontes.

4. **Automatización de tareas repetitivas:** Herramientas como sistemas de gestión de aprendizaje (LMS) pueden encargarse de tareas como la calificación de exámenes, liberando tiempo para actividades más significativas.

Ejemplo narrativo

Considere a María, una profesora de primaria que inicialmente se sentía intimidada por las nuevas tecnologías. Después de asistir a talleres de formación y experimentar con herramientas como Canva y Kahoot!, descubrió que podía diseñar actividades interactivas que no solo facilitaban la comprensión de los estudiantes, sino que también aumentaban su motivación. Hoy, María es una defensora de la tecnología en el aula, demostrando que, con la formación y el apoyo adecuados, los retos pueden transformarse en oportunidades.

10.3. Plan de acción personal

Desarrollar competencias digitales es un proceso continuo que requiere compromiso, planificación y reflexión. Un plan de acción personal es una herramienta clave para guiar este proceso, asegurando que los esfuerzos de aprendizaje estén alineados con las metas profesionales y las necesidades del entorno laboral.

Paso 1: Evaluación inicial

El primer paso en el desarrollo de un plan de acción es identificar el nivel actual de competencias digitales. Esto puede lograrse a través de herramientas de autoevaluación como **DigCompEdu Check-In** o cuestionarios personalizados. Este análisis inicial permite detectar fortalezas y áreas de mejora.

Paso 2: Establecimiento de objetivos

Una vez identificadas las áreas de mejora, es importante definir metas claras y específicas. Por ejemplo:

- Mejorar el uso de herramientas de videoconferencia como Zoom para gestionar reuniones virtuales de manera más efectiva.
- Aprender a utilizar plataformas de análisis de datos como Tableau para mejorar la evaluación del desempeño de los estudiantes.
- Incorporar actividades gamificadas mediante herramientas como ClassDojo para aumentar la participación en clase.

Paso 3: Selección de recursos y formación

El acceso a recursos educativos de calidad es esencial para avanzar en el desarrollo de competencias digitales.

Dependiendo de los objetivos, un profesional puede optar por:

- Inscribirse en cursos online específicos en plataformas como **Coursera** o **LinkedIn Learning**.
- Participar en webinars organizados por expertos del sector.
- Consultar manuales, tutoriales y foros en línea que ofrezcan orientación práctica.

Paso 4: Implementación y práctica

El aprendizaje no termina con la formación; es esencial aplicar lo aprendido en el contexto laboral. Por ejemplo, un docente que ha completado un curso sobre diseño de contenido multimedia podría desarrollar una serie de vídeos educativos para complementar sus lecciones.

Paso 5: Evaluación y ajuste del plan

Finalmente, el plan de acción debe ser un documento vivo que se evalúe y ajuste periódicamente. Reflexionar sobre los logros alcanzados y las dificultades encontradas permite optimizar el enfoque y establecer nuevas metas.

Narrativa de ejemplo:

Juan, un docente de secundaria, decidió crear su propio plan de acción para mejorar sus competencias digitales. Tras descubrir que sus estudiantes preferían actividades interactivas, se inscribió en un curso de gamificación y aprendió a usar herramientas como Kahoot! y Genially. A medida que implementaba estas actividades en clase, notó un aumento significativo en la participación de sus estudiantes. Al reflexionar sobre su progreso, Juan se dio cuenta de que podía ir un paso más allá al integrar el análisis de datos para medir el impacto de sus estrategias.

Bibliografía y Referencias

Libros y artículos académicos:

EUROPEAN COMMISSION. (2017) "DigCompEdu Framework: Digital Competence for Educators".
  Disponible en línea

PRENSKY, M. (2001) **"Digital Natives, Digital Immigrants"**. On the Horizon.

RIBBLE, M. (2011) **"Digital Citizenship in Schools: Nine Elements All Students Should Know"**. ISTE.

SELWYN, N. (2016) **"Education and Technology: Key Issues and Debates"**. Bloomsbury Academic.

Recursos institucionales:

UNESCO. "Framework for Digital Competencies of Educators".

https://www.unesco.org

OECD. "Education at a Glance: Trends in Digital Skills".

https://www.oecd.org

Blogs y sitios web especializados:

EDUTOPIA. Artículos sobre innovación educativa y uso de tecnología en el aula.

https://www.edutopia.org

TEACHTHOUGHT. Recursos y estrategias para el aprendizaje del siglo XXI.

https://www.teachthought.com

Anexos

Anexo I.

Ejemplos prácticos
y plantillas

I.I. Ejemplos prácticos para el diseño de materiales digitales:

Material interactivo en Canva:

Ejemplo: Una infografía sobre las principales normas de etiqueta digital.

- Objetivo: Enseñar netiqueta a estudiantes de secundaria.
- Descripción: La infografía utiliza íconos claros, colores llamativos y mensajes breves. Incluye un código QR que dirige a un video explicativo creado en Genially.

Evaluación con Kahoot:

Ejemplo: Cuestionario sobre Ciberseguridad Básica.

- Preguntas:
    1. ¿Qué es el phishing?
    2. ¿Qué característica debe tener una contraseña segura?

- Recursos: Imágenes ilustrativas y tiempo limitado por pregunta para fomentar la rapidez en la respuesta.

Seguimiento del progreso con rúbricas digitales:

Plantilla de rúbrica para evaluar presentaciones orales:

Criterio	Organización del contenido	Uso de recursos digitales
Excelente (5)	Información clara y bien estructurada.	Integra herramientas visuales efectivas.
Bueno (4)	Algunas ideas están conectadas.	Usa recursos básicos.
Regular (3)	Hay información desorganizada.	Escaso uso de recursos.
Necesita mejora (2)	La presentación carece de estructura.	No utiliza recursos digitales.

I.2. Plantillas útiles para docentes y estudiantes:

Plantilla para planificación de proyectos interdisciplinarios:

Elemento	Detalles
Título del Proyecto	"Energías renovables y sostenibilidad en la comunidad"
Objetivo General	Comprender las fuentes de energía limpia y su impacto.
Disciplinas involucradas	Ciencias Naturales, Tecnología y Matemáticas
Herramientas digitales	Canva, Google Sheets, OBS Studio
Producto final	Video explicativo con gráficos e infografías

Plantilla de rúbrica para evaluación en entornos digitales:

Esta rúbrica puede adaptarse a cualquier actividad.

Anexo 2.

Recursos online recomendados

2.1. Herramientas de diseño y creación de contenido

- **Canva:** Plataforma para diseñar infografías, presentaciones y materiales visuales interactivos.
  https://www.canva.com
- **Genially:** Herramienta para crear presentaciones y recursos interactivos.
  https://www.genial.ly
- **OBS Studio:** Software gratuito para grabación y transmisión de video.
  https://obsproject.com

2.2. **Herramientas de evaluación y seguimiento**

- **Kahoot:** Plataforma para crear cuestionarios y actividades gamificadas.
https://kahoot.com
- **Quizizz:** Herramienta para cuestionarios interactivos con retroalimentación inmediata.
https://quizizz.com
- **Google Forms:** Para evaluaciones rápidas y recopilación de datos.
https://forms.google.com

2.3. **Recursos para la formación permanente**

- **Coursera:** Cursos online impartidos por universidades de renombre.
https://www.coursera.org
- **edX:** Educación en línea con certificaciones opcionales.
https://www.edx.org
- **LinkedIn Learning:** Cursos orientados al desarrollo profesional.
https://www.linkedin.com/learning/

2.4. Herramientas de colaboración y comunicación

- **Google Workspace:** Conjunto de herramientas para trabajo colaborativo (Docs, Sheets, Drive).
https://workspace.google.com
- **Microsoft 365:** Alternativa robusta para trabajo en equipo.
https://www.microsoft.com/es-es/microsoft-365
- **Slack:** Plataforma para la comunicación y gestión de equipos.
https://slack.com